일생에 단 한번은
독기를 품어라

일생에 단 한번은 독기를 품어라

한번 사는 인생
간절히, 후회 없이 살아라

권민창 지음

 mindset

밤이 참 아름답다. 저녁 늦게까지 사무실에서 정신없이 일을 하다, 창밖을 보면 기분이 좋다. 갑자기 문자가 온다. 통장에 입금이 됐다는 알림이다. 열심히 일을 하고 내 재능을 베풀다보니 감사하게도 많은 곳에서 나에게 그에 대한 대가를 준다. 그 결과 현재는 5개 정도의 소득 파이프 라인을 만들 수 있게 됐고, 연봉으로 치면 3억 이상을 벌 수 있게 됐다. 불과 1년 전의 나라면 상상조차 하지 못할 일이다. 2021년, 작년의 나는 그 누구보다 처절했다. 10년간 잘 근무했던 안정적인 직업군인의 삶을 박차고 사회로 뛰어 들었다. 군대를 그만 둔 이유는 단 하나였다. 내 개인의 발전 가능성이 전혀 없다는 것.

나는 어릴 때부터 직업군인이 될 수밖에 없는 환경에 있었다. 집안 형편이 어려웠고, 그러다보니 전액 국비지원이 되는 고등학교를 졸업함과 동시에 직업군인으로 근무를 할 수 있는 '항공과학고등학교'에 입학하게 된다. 학교에 다닐 때는 늘 그런 얘기를 들었다. '군대만큼 좋은 직장은 없어.' '군대가 최고야.' 그때는 그렇게 믿고 싶었다. 그러다보니 20살부터 30살까지 군생활을 하며 불합리한 게 있더라도, 내 가치관과 맞지 않더라도 꾸역꾸역 참으며 버텼다. 왜? 두려웠으니까. 군인 말고 다른 일은 해본 적도 없고, 해볼 용기조차 나지 않았으니까.

하지만, 더 이상 이렇게 살 수는 없다고 생각했다. 나는 부자가 되고 싶었고, 성공하고 싶었다. 그래서 다양한 활동을 했다. 군인의 신분으로 책을 썼고, 강연도 했다. 그러나, 내가 하는 활동들은 군대의 업무와 큰 관련이 없었고, 그렇기에 나를 안 좋게 보는 사람들도 많았다. 군대에 있을 때 나는 1%였다. 타고난 1%가 아니라, 이상한 1%. 99%의 평범한 사람들이 순응을 하고 살았지만, 나는 순응하지 않으려 노력했다. 그러다보니, 왠지 나만 이상한 사람이 된 거 같았다. 군대에서 내가 가장 많이 들었던 얘기는 '권중사, 좀 조용히 살아.' '권중사, 그런 건 그냥 참아, 넘어가.' 였다. 그렇게 30살. 나는 결정을 해야만 했다. 이대로 숨 죽이고 살며 군생활을 할 것인지, 아니면 또 다른 도전을 할 것인지. 내 선택은 후자였다. 나는 손에 쥔 걸 내려놓을 용기를 냈고 그 용기가 나에게 보답을 해줄 거라 믿어 의심치 않았다. 그러나, 제대를 하고 사회에 나오니 더 큰 시련을 맞이하게 됐다. 모아 둔 돈도 하나 없이, 단순히 해외여행인솔자라는 직업 하나만 보고 제대를 했다. 그 직업을 택한 이유는 간단했다. 군생활을 할 때 해외여행을 한 번도 가본 적이 없었고, 더 나은 세상과 다양한 사람들 다양한 사람들을 경험하며 나의 삶의 경험 저변을 넓히고 싶었기 때문이다. 2019년 제대를 하고 영어공부를 열심히 했다. 6개월 간 영어만 쓰고 영어만 배우며 살았고, 그 결과 어느 정도 프리토킹이 가능할 정도가 됐다. 하지만, 2020년 코로나가 터지며 내 인생 계획은 다 물거품이 됐다. 어떻게 살아야 할지 감조차 잡을 수 없었다. 군인 외에 다른 직업을 가져본 적도, 가질 생각도 못 했으니까. 마치 끝이 없는 암흑의 터널을 손전등 하나 없이 무작정 걷는 느낌이었다. 하지만 그렇다고 포기할 수는 없었

일생에 단 한번은 독기를 품어라

다. 간절했다. 배달 아르바이트와 일용직을 하며 근근이 생계를 유지하며 버텼다. 제대를 한다고 했을 때 '너 후회할 건데.' '그냥 안정적으로 살지, 뭐 그렇게 위험한 선택을 하냐?'라며 비웃던 사람들이 생각났다. 그 사람들의 안주거리가 되고 싶지 않았다. 2021년까지 나는, 월 80만 원도 못 벌며 서울교대역 1번 출구 근처 반지하에 살았다. 반지하에는 창문이 있었는데, 그 창문 사이로 사람들의 무릎 아래가 보였다. 참혹했다. 32살에 모아둔 돈은커녕, 빚만 있었다. 그때 가장 많이 한 생각은 '오늘은 만 원으로 버틸 수 있을까?'였다. 사람들을 만나는 것도 두려웠고, 만나면 커피라도 마셔야 한다는 사실도 스트레스였다. 그러다보니 다시금 나를 내려놓아야 한다는 생각을 했다. 일단은 취직을 해야겠다라는 막연함만 갖고 있었는데, 그때 현재 떠오름 출판사 대표인 손힘찬 작가님께서 함께 일해보자고 말해주셨다. 흔쾌히 수락했다. 나에게는 더 이상 선택지가 없었기에. 그렇게 32살에 실수령 200만 원이 안 되는 돈을 받고 떠오름 출판사의 마케팅 팀원으로 일을 하게 됐다. 그런데 그때의 선택이 내 인생을 180도 바꿔줬다. 독기를 품고 일했다. 절대 대충 일하지 않았다. 내가 여기서 받은 것의 10배 이상을 해야된다라는 마음가짐으로 임했다. 그러다보니 내가 만들었던 콘텐츠로 책이 역주행하고, 판매량이 상승하는 걸 보며 스스로에 대한 확신이 생겼다. 그렇게 재밌게 일하다보니 외주광고도 많이 받게 됐고, 7월에 200만 원도 못 벌었던 내가 불과 4개월 뒤인 11월에 순수익 월 천만 원을 달성할 수 있었다. 아직도 기억이 난다. 월 천만 원을 찍었던 그 순간이. 집에서 혼자 소리를 지르며 방방 뛰었다. 누구에게 월 천만 원은 '고작'일 수 있지만, 그때 나에게 월 천만 원은 '감히 내가 이룰 수 없는 신의 영역'이었기 때문이다. 그렇게 6개월 간 떠오름 출판사에서 재밌게 일하다, 2022년 1월 독립을 하게 됐다. 나에 대한 확신이 생겼기에, 또 다른 도전을 하고 싶었던 것이다. 마인드셋 출판사를 만들고, 내 첫 책인 〈잘 살아라 그게 최고의 복수다〉가 나왔다. 처음에는 하루에 3권밖에 안 팔렸다. 하지만, 어떻게 책을 잘 팔 수 있을지 끊임 없이 고민했고, 새벽 3-4시까지 일을 하며 판매량을 확인했다. 그 결과 〈잘 살아라 그게 최고의 복수다〉는 국내도서 5위까지 달성했을 정도로 베스트셀러가 됐고, 현재 마인드셋 출판사가 단단해질 수 있는 계기를 만들어준 결정적인 책이 됐다.

많은 사람들이 내게 '성공의 비결'을 묻는다. '어떻게 그렇게 빨리 성공할 수 있었냐.' '나도 그렇게 단기간에 고소득을 얻고 싶다.'라고 말한다. 그때마다 나는 이렇게 얘기한다. '당신은 얼마만큼 간절합니까?' 나는 정말 간절했다. 얼마나 간절했냐면, 반지하에 살 때 부모님과 연락을 잠시 끊었었다. 너무 감사하고 사랑하는 분들이지만, 내가 발전하고 성공하기 위해서는 잠시 연락을 끊어야 한다고 확신했다. 늘 전화를 하면 내 걱정을 했고, 고향인 부산에 내려와서 직장을 다니며 평범하게 살라는 말만 하셨다. 하지만 나는 그렇게 평범한 삶을 살기 위해 30살에 그런 결정을 내린 게 아니었다. 그렇기에 철저히 성공만 보고, 독기를 품고 앞으로 나아갔고, 그 결과 아직도 많이 부족하지만 사회적으로 봤을 때 어느 정도의 성공을 이루게 됐다.

이 책은 내가 어떻게 좋아하는 일과 잘하는 일로 소득을 얻게 됐는지, 그리고 그것들을 어떻게 찾고 발전시키는지에 대한 구체적인 방법을 다룬 실용서다. 하지만 그런 방법을 머리로만 알고 실행하지 않는다면 이 책은 당신에게 쓰레기가 될 것이다. 그러나, 여기서 나오는 방법을 삶에 적용하고,

단 하나라도 실천하기 위해 노력한다면 단언컨대 이 책은 여러분에게 1,000만 원 이상의 가치를 줄 것이다. 30살, 군대를 제대할 때 내 가슴에 가장 꽂혔던 말은, '민창아. 10년만 더 버티면 연금 나오는데 조금만 더 하지.'라는 말이었다. 한 번 사는 인생인데, 버틴다니? 인생은 버티는 게 아니다. 최선을 다해서 살아내며, 그 발전하고 성장하는 과정에서 기쁨을 느껴야 한다. 정말 간절히 원하는 게 있다면, 단 한 번, 단 한번은 독기를 품고 최선을 다해봤으면 좋겠다. 죽을 만큼 노력했다면, 결과가 안 나오더라도 후회가 없을뿐더러 그 과정에서 깨달았던 경험이 당신에게 다른 기회를 주리라 확신한다. 이 책을 보는 당신이 부디 더 간절해지기를, 그리고 그 간절함 속에서 또 다른 기회를 얻기를. 아침에 일어나 출근하는 게 죽기보다 싫은 삶이 아니라, '오늘은 또 어떤 재밌는 일이 나를 기다리고 있을까?'라는 기대감과 호기심 속에서 행복하게 시작되는 삶이 되기를 간절히 바란다.

2022년 12월

권민창

이제부터 책을 읽을 당신에게

질문을 던지고 싶다.

당신이 일을 하는 이유는 무엇입니까?

지금 삶이 당신이 꿈꿔왔던 삶입니까?

내일 아침이 오는 것이 기다려집니까?

당신이 좋아하는 일은 무엇입니까?

당신이 좋아하는 일로 얼마나 수익을 내고 싶습니까?

당신은 자신이 좋아하는 일을 사랑할

준비가 되어 있습니까?

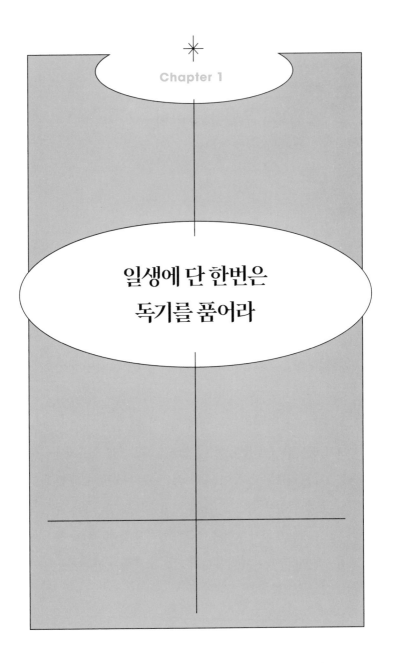

Chapter 1

일생에 단 한번은
독기를 품어라

내가 무엇을 좋아하는지
모른다면

같은 직업을 가진 A와 B가 있다. 하는 일도 비슷하고 직장 내 위상도 비슷하다. 그런데 그들의 직업 만족도와 수입은 천지 차이다. 왜 이런 일이 벌어지는 걸까?

A와 B는 입사 동기다. 둘 다 경영을 전공했고, 회사에서 마케팅 관련 직무를 담당하고 있다. 처음에는 두 사람 모두 만족스러웠다. 자신이 좋아하는 일을 하고 있다고 믿어 의심치 않았다. 하지만 연차가 쌓이자 조금씩 달라졌다. A는 어느 정도 업무가 파악됐다는 생각이 들자 더는 자기 일에 관해 연구

하지 않았다. 다른 취미나 특기를 찾을 생각도 하지 않은 채, 퇴근하면 TV를 보거나 컴퓨터 게임만 하며 시간을 보냈다.

반면 B는 달랐다. 자신의 업무가 어느 정도 수준에 도달했다는 판단이 들자, 다른 팀의 일도 주의 깊게 보기 시작했다. 마케팅팀 소속임에도 불구하고, 영업과 세일즈 그리고 브랜딩 업무에도 관심을 가지며 손을 뻗쳤다. 그런 B를 보고 A는 바보 같은 사람이라고 생각했다. 똑같은 월급을 받는데 주어진 일 이외에 매달려 일하는 건, 자기 몸만 축내는 짓이라고 여겼다.

'나 자신을 위해 살아야지, 왜 저렇게까지 회사를 위해 사는 거야? 바보 같은 짓이야.'

그런데 시간이 지나자 상황은 급변했다. B는 회사에서 다양한 경험을 토대로 쌓아온 인맥을 활용해 '마케팅 대행사 소개' 사업을 새롭게 맡게 되었다. B는, 단순히 마케팅에 대한 자료를 연구하는 데서 끝나는 게 아니라, 직접 그 상품을 연결해주는 영업과 세일즈까지 관리하게 됐다.

B가 퇴직한다고 했을 때 회사의 간부들은 파격적인 연봉 인상을 제시하며 그를 잡았다. 하지만 B는 끝내 회사를 나와 마케팅 대행사들을 연결해주는 자신의 사업을 하며 만족스

일생에 단 한번은 독기를 품어라

럽게 살고 있다. 반면 A는 연차는 쌓였지만, 신입사원일 때 맡았던 업무에 그대로 머물러 있었고, 계속해서 회사에 자신의 미래를 의지할 수밖에 없었다.

A는 자신이 B를 보며 했던 '나 자신을 위해 살아야지, 왜 저렇게까지 회사를 위해 사는 거야? 바보 같은 짓이야'라는 생각이 정확히 자신을 지칭한다는 사실을 깨달았다.

하지만 뒤늦게 후회한다고 지나온 시간을 메울 무언가가 생기지는 않았다. A는 5년 동안 꾸준히 자신이 좋아하는 일을 발전시키고 성장의 기회를 노려왔던 B와, 그냥 좋아하는 일을 하는 것에 만족하며 아무런 행동도 취하지 않았던 자신의 차이를 뼈저리게 알게 되었다.

지금 여러분은 A와 B 중 어느 쪽에 가까운 삶을 살고 있다고 생각하는가? 내가 좋아하는 일이 무엇인지 제대로 알고 있는가? 왜 그 일을 좋아하는가? 그 일을 하기 위해 어떤 노력을 하고 있는가? 얼마나 간절하게 그 일에, 그리고 인생에 임하는가?

이번에는 다른 측면에서 '좋아하는 일'에 대해 살펴보자. 여러분이 좋아하는 일이 '노래 부르는 일'이라고 가정해보

자. 누구나 알고 있듯이 노래 부르는 일로 성공하기란 정말 힘들다. 주야장천 노래만 부른다고 실력이 늘고 성공하는 게 아니다. 목소리와 성량이 타고나야 할뿐더러 외모도 뛰어나야 유리하다. 물론 그것만으로 되는 것도 아니다. 여러분도 외모나 목소리가 좋지만, 대중적으로 잘 알려지지 않은 가수들을 알고 있을 것이다.

여러 요인을 고려하지 않고 맹목적으로 노래 부르기에만 열중하게 된다면, 모아뒀던 돈을 탕진하고 거리로 나앉거나 부모님 집에 들어가 내 재능을 알아주지 못하는 세상을 원망하기 십상이다.

노래 부르는 일을 좋아한다고 했을 때, 자신에게 우선 물어봐야 한다. '노래 부를 때 나는 어떤 부분에서 행복을 느끼는가?' 누군가는 처음 노래를 시작할 때 사방이 고요해지고 자신에게 온전히 스포트라이트가 쏟아지는 것 같아 매력을 느낀다고 한다. 누군가는 고음을 내지를 때 내면의 에너지가 순식간에 폭발하는 데서 희열을 느낀다고 한다. 비단 음역에 한정 짓지 않아도 좋다. 누군가는 사람들이 자신의 노래를 듣고 힘을 얻을 때가 가장 행복하다고 말하고, 누군가는 노래방에서 조용히 나 혼자 노래를 부르고 가사를 하나하나 음미할 때가 행복하다고 말한다.

　단순히 노래 부르는 것이 좋다고 생각하며 노래만 부를 것이 아니라, 노래를 왜 좋아하는지 그 이유에 대해서도 '똑똑하게' 분석해야 한다. 왜 노래 부르는 것이 좋은지, 노래를 부를 때 어떤 감정이 들기 때문에 좋은 것인지, 나아가 노래를 부르는 일과 관련해서 내가 발전시킬 수 있는 일이 무엇인지 찾아보는 것이다. 그것들을 어떤 식으로 결합해서 좋아하는 일을 지속해나갈 수 있는지 연구하고 고민해야 한다.

　당신이 그저 평범한 사람이라면 이 책을 짚지 않았을 것이다. 직장에 다니며 취미로 노래 부르는 데에 만족할 것이니까. 하지만 지금 이 책을 읽고 있는 당신은 아마 현재 생활에서 의미를 찾지 못해서, 내가 좋아하고 잘하는 것을 정말 찾고 싶다는 간절한 마음으로 이 책을 보고 있을 것이다.

　"좋아하는 일을 하세요! 그래야 성공합니다!"라는 성공한 사람들의 스피치를 많이 들어봤을 것이다. 하지만 그들은 이미 성공했고, 애당초 좋아하는 일 하나만 해도 잘될 만한 재능을 갖고 있었을 것이다. 물론 그 재능의 세계에서도 치열하게 노력했기에 최고라는 타이틀을 쟁취했겠지만, 아쉽게도 99%에 속하는 우리에게 그러한 특출난 재능은 존재하지 않는다. 안타깝지만 인정할 건 빠르게 인정해야 한다.

나도 노래 부르는 것을 굉장히 좋아하지만, 노래를 잘 부른다는 소리는 부모님 외에는 들어보지 못했다. 돈을 내고 보이스 트레이닝을 받아보려고 코치를 찾아서 물어본 적도 있다. "코치님, 제가 트레이닝을 오래 받으면 좋은 가수가 될 수 있을까요?" 그러자 그는 웃으며 "트레이닝을 받으면 지금보다 훨씬 더 잘 부를 수 있겠지만, 사실 가수는 재능의 영역입니다"라고 말했다.

그렇기에 평범한 우리는 스스로에게 끊임없이 질문해야 한다. 좋아하는 일을 왜 좋아하는가? 그 일의 어떤 점을 좋아하는가? 그리고 좋아하는 일을 통해 사람들에게 어떤 것을 제공할 수 있는가?

지금 내가 좋아하는 것들을 쭉 한번 나열해보고 또 적어보자. 그리고 내가 그걸 왜 좋아하는지 앞서 말한 것처럼 똑똑히 분석해보자. 자신에 대해 집요하게 질문하고 답을 찾는 일이 익숙하지 않고 불편할 수 있다. 분명 답을 찾는 과정에서 자신에게 실망하고, 이제껏 확신했던 것들이 별것 아니었음을 알고 허탈할 수 있다.

하지만 단순히 축구가 좋다, 상담하는 게 좋다가 아니라 조금 더 세분화해 진정으로 내가 좋아하는 게 뭔지를 찾아야 한다. 그리고 그것에 집중적으로 시간을 할애하는 게 훨씬 더 효율적이고 효과적이다.

익숙한 대로 생각하면 편안하고 행복하다. 몸도 힘들지 않고, 머리도 힘들지 않다. 이미 머릿속에 그에 대한 프로세스가 입력되어 있으니 말이다. 반면, 새로운 생각을 하게 되면 몸과 머리가 힘들다. 그러나, 이제껏 해온 일반적인 생각에서 벗어나고, 일반적인 사람들과 다르게 접근해야 성공한다.

미국의 유명 가수 폴라 압둘*Paula Abdul*은 "해야 하는 것 이상을 할수록 성공할 확률이 높아진다"고 했다. 이 책을 보고 있는 당신도 해야 하는 것 이상을 하기 위해 기꺼이 힘들 준비가 되어 있는 사람이지 않은가?

일상의 큰 변화 없이 사람들이 흔히 하는 고민을 하며 나이를 먹어가는 삶이 좋다면, 그렇게 살아도 좋다. 그러나 그렇지 않다면 작은 날갯짓을 시작해보자. 내가 좋아하는 일이 무엇인지에 대해 똑똑하게 분석하는 것, 그것이 날갯짓의 시작이다. 작은 날갯짓을 지속적으로 한다면 훨씬 더 많은 기회가 우리에게 올 것이다.

일생에 단 한번은 독기를 품어라

당신의 도전이
계속 실패하는 이유

내가 좋아하는 일이 무엇인지 적어보고, 왜 좋아하는지 그 이유에 대해서도 분석해보았는가? 그럼에도 여전히 자신이 없다면 내가 좋아한다고 생각하는 일들을 다음 세 가지 단계로 분류해보자. 이 과정을 거치면 내가 정말 좋아할 수 있는 일을 '업'으로 삼을 수 있는지 여부가 명확히 드러난다.

좋아하는 일은 크게 세 가지 단계로 나눌 수 있는데, 첫 번째는 '관심 가는 일'이다. 관심 가는 일은 다양한 정보와 경험을 통해 그 일이 매력적으로 느껴져, 앞으로의 진로로

일생에 단 한번은 독기를 품어라

도 선택하고 싶은 일이다. 장기적으로 안정적인 미래를 펼칠 수 있을 것 같고, 그에 따른 합당한 금전적 대가와 사회적 인정도 얻을 수 있는 일이다. 단, 삶의 의미나 가치관과는 무관하다.

이 일을 진로로 선택할 때 발생할 수 있는 최대의 위험은 나에게 '관심 가는 일'은 다른 사람도 그렇게 느낄 가능성이 크다는 것이다. 적당한 금전적 대가, 사회적 인정, 워라밸이 보장되는 'S급 일자리'일 텐데, 시장에서의 공급은 한정적이고 수요는 폭발적으로 많을 것이다. 그러다 보니 경쟁이 격렬해지기 쉽고, 애당초 외부적인 요인 때문에 관심을 가진 것이다 보니 중도에 지쳐서 포기할 확률이 매우 높다.

직업의 세계에도 유행이 존재하는데 관심 가는 일은 이러한 유행에 휩쓸려 갖게 되는 경우가 많으며, 막상 그 일을 시작했을 때 이전에 몰랐던 어려움이 발생하거나 예상보다 보상이 낮으면 후회하기 쉽다.

두 번째는 '즐거운 일'이다. 누군가는 글을 쓸 때 즐겁고, 누군가는 운동할 때 즐겁다. 그 일을 할 때 행복하고 마음이 편하다고 느낀다. 사람마다 즐겁다고 느끼는 일이 다양하기 때문에 콕 짚어 하나로 정의할 순 없다. 그러나, 누구나 즐거운 기분을 느끼게 하는 일은 하나씩 갖고 있고, 그것을 직업으로 삼길 희망한다. 그 말인즉슨, 즐거운 일도 관심 가는 일과 비슷하게 경쟁이 치열하고 예상치 못한 문제를 부딪치면 금세 좌절하기 쉽다는 것이다.

세 번째는 바로 '비전을 위한 일'이다. 비전을 위한 일은 우리가 보통 생각하는 '하고 싶은 일'과는 조금 다르다. 단순히 좋아하고 관심 있는 일이 아니라, 자신이 가진 삶의 의미와 가치관과도 밀접하게 연관되어 있다. 그래서 어떤 상황이 닥쳐도 이뤄내야 한다는 책임감이 더 생기고, 그 일 이외에 다른 일은 눈에 잘 들어오지 않는다.

나의 경우 글을 쓰는 일이 즐거웠지만, '책으로 사람들에게 좋은 영향을 주고 싶다'라는 비전이 있었기에 과감히 작가로 활동하며 어려운 시절도 버틸 수 있었다.

만약 여러분이 어떤 일을 함으로써 미래에 도달하고자 하는 자신의 모습이 생생히 그려진다면, 삶에서 가장 중요하게 생각하는 가치관과 그 일이 맞아떨어진다면, 그것을 통해 사람들에게 무언가를 제공할 수 있는 일이라면, 바로 그 일이 여러분이 해야할 일이다.

여러분이 비전을 위한 일을 찾았다면 그 일을 선택해도

좋다. 그러한 일이라면 앞으로 닥칠 어떠한 어려움도 이겨낼 수 있고, 남들보다 몇 배는 더 노력할 것이며, 앞으로 닥칠 수많은 실패에도 쉽게 좌절하지 않을 것이기 때문이다.

지금 내가 '하고 싶은 일'이 있다면 우선 그 일이 '비전을 위한 일'이 맞는지 고민하라. 그 일이 나의 가슴을 뛰게 하는 가치가 있다면, 밀어붙여도 좋다. 그런 일에 전념한다면 반드시 성공할 수밖에 없다.

비전 있는 일은 어떻게 찾을 수 있을까?

기업가이자 커리어 코치, 'Live your legend'의 설립자였던 스콧 딘스모어*Scott Dinsmore*는 2015년 TED에서 선보인 강연 '좋아하는 일을 어떻게 찾을까*How to find work you love?*'에서 좋아하는 일을 찾기 위해 가장 중요한 세 가지 '분석 툴'이 있다고 말했다.

첫 번째는 나만의 '강점'이다. 자신에 대해 전문가가 되어 스스로를 이해하고, 남들과 비교해 경쟁력이 있는 장점을 찾아야 한다. 두 번째로 자신에게 우선순위가 되는 '가치'가 무엇인지 알아야 한다. 가족과 건강이 중요한지 업무적 성취나 성공이 더 중요한지 스스로 판단하고, 결정을 내리는 기준을 늘 염두해야 한다. 무엇이 중요한지 모르면 되는대로 살게 된다.

세 번째는 '경험'이다. 매일 매분 매초 우리는 좋아하거나 싫어하는 일을 경험한다. 그런데 이러한 경험에서 얻게 된 깨달음을 그때그때 적용하며 살아가지 않으면, 결국 아무것도 남는 것이 없는 삶을 사는 것과 다름없게 된다. 내가 경험한 일들을 기록하고, 그 일이 좋아하는 일을 하는 데 어떻게 도움이 될 수 있는지 연결시켜 생각해야 한다.

스콧 딘스모어는 이 세 가지를 나침판으로 삼고, 이것이 일치하는 방향으로 걸어가면, 열정과 좋은 영향력을 펼칠 수 있는 일을 반드시 찾을 수 있다고 했다.

그리고 마지막으로 비전을 함께 공유하고 달릴 사람들을 찾는 일도 중요하다. 동기부여가로 유명한 짐 론*Jim Rohn*은 "당신의 가장 친한 친구 다섯 명의 평균이 바로 당신이다."라는 말을 했다. 현재 위치에서 원하는 곳으로 가려면 자신만의 비전을 갖고 살아가는 사람들과 함께해야 한다. 혼자 달릴 때보다 여러 명과 함께 달려갈 때 좋은 자극을 받아 더 높은 성적을 거둘 수 있듯이, 이러한 환경을 조성하는 일 또한 중요하다는 얘기다. 현실에 안주하지 않도록 좋은 자극을 받

을 수 있는 사람들과 지속적으로 교류할 수 있게 노력해야
한다. 그래야 이전보다 훨씬 더 성장한 삶을 살게 된다.

일생에 단 한번은 독기를 품어라

나답게 살면,

돈을 못 번다는 착각

'열정페이'라는 단어는 정당한 대가를 지불하지 않으면서 열정만을 요구한다는 뜻의 신조어다. 즉, 월급은 적게 주면서 온갖 업무를 시키는 행위를 비꼬는 말이다. 특히 문화예술계 직군에서 두드러지게 나타난다고 알려져있다. 하지만 그렇다고 문화예술계 직군의 비전이 없는 것일까?

초등학교 동창 중에 유명한 일러스트레이터가 있는데, 그 친구에게 비전을 물어본 적이 있다. 친구의 일에 대해 잘 알지 못할 때는 단순히 예술계에서 일하기 때문에 경제적으로 힘들지 않을까 하며 연민의 눈빛을 보냈지만, 그 친구가 벌어들이는 수입과 또 본인이 가지고 있는 비전을 듣고 나서, 스스로의 짧은 식견에 굉장히 반성한 적이 있었다.

우리는 일을 고를 때 흔히 세 가지를 고려한다. 첫째는 지속성, 둘째는 발전 가능성, 셋째는 금전적 이득이다. 직장생활을 하는 사람들 대부분은 첫 번째와 세 번째를 무척 중시한다. 그렇기에 지속성이 높은 공무원 시험에 어마어마하게 많은 사람이 몰리고, 일하는 만큼 준다는 악명 높은 대기업에도 지원하는 사람들이 몰린다.

하지만 대부분의 사람들은 이 두 번째, '발전 가능성'의의 가치에 대해 깊게 생각하지 않는다. '발전 가능성'이란 이 일을 하며 내가 내적으로 얼마나 성장하고 발전할 수 있는지 판단하는 여부다. 내적 성장은 나의 적성, 가치관, 잠재력에 대한 부분인데, 많은 이들이 이를 간과하고 과소평가한다. 하지만 실제로 삶을 살아가는 데 있어 이보다 중요하게 삶의 질을 좌우하는 매개체는 없다.

평균 임금이 높다고 하더라도 벌 수 있는 돈과 나의 역할이 한정적인 직장인과, 평균 임금이 낮다고 하더라도 노력하고 고민하는 만큼 벌 수 있는 돈이 늘어나고 내 역할이 한정적이지 않은 프리랜서를 비교해보자. 정말 좋아하는 일이 없고, 직장은 그저 내가 시간을 투자해 돈만 가져다주는 곳이라고 생각한다면 직장생활을 하는 게 맞다. 하지만, 본인이 좋아하는 일이 분명히 있고, 그 일을 하며 행복하게 살고 싶다면 현실에 안주하기보다는 끊임없이 고심하고 또 고심해야 한다.

'어떻게 해야 이 일로 돈을 벌 수 있을까?' '이 일을 하며 잘된 사람들의 공통된 특징은 뭘까?' '내가 갖고 있는 다른 특기와 이 일을 결합해서 시너지 효과를 낼 방법으로는 무엇이 있을까?'

"좋아하는 일의 평균 임금이 낮아서 앞으로의 미래가 보이지 않는 것 같아요."라는 말은, '나는 평균 이상으로 살고 싶은 자신이 없습니다.'라고 선언하는 것과 다름없다.

나의 경우 작가라는 직업을 선택한 이유가 '사람들에게 글로 위로를 주고, 삶의 의미를 찾게 해주고 싶어서'였다. 실제로 작가의 평균 임금은 처참한 수준이지만, 나는 내가 정말 좋아하는 일이었기에 이 세계로 뛰어들었다. 아니나 다를까 나는 작가로 생활하며 금전적인 문제에 많이 부딪혔다.

그러나 많은 사람에게 의미를 선사해주고 싶다는 '비전'을 갖고 있었기에, 포기하지 않고 작가로 계속해서 살아갈 수 있는 방법을 찾기 시작했다.

첫 번째 방법은 강연이었다. 내가 쓴 첫 책이 독서에 관한 책이었기에 도서관이나 문화센터에 연락해 내 프로필을 건네주기도 했고, 강연 에이전시에 직접 프로필을 보내기도 했다. 지인들을 통해 고등학교나 중학교 강연을 소개받기도 했다.

두 번째로 SNS 계정을 꾸준히 활용했다. 나는 단순히 SNS 계정에 내 콘텐츠를 무턱대고 올리지 않고 그 시장을 분석했다. 처음 인스타그램 계정을 키울 때도, 어떻게 하면 내 콘텐츠가 필요한 사람에게 노출이 잘되면서도 내 정체성을 보여줄 수 있을까를 고민하고 연구했다. 많은 사람이 자극적인 사진이나 동영상이 아니면 아무도 개인 계정을 보지 않을 거라고 얘기했지만 나는 확신이 있었다.

글을 보기 좋게 올리고, 콘텐츠를 올릴 때마다 반응을 철저히 확인하며 사람들이 어떤 걸 원하고, 또 어떤 부분을 궁금해하는지 나름대로의 '빅데이터'도 모으게 됐다. 콘텐츠를 공부하고 사람들이 원하는 방향으로 계속 수정해나가며 꾸준히 업로드하니, 당연히 노출 빈도가 급격히 늘어날 수밖에 없었다.

간혹 작가들 중에 안타까운 생각을 가진 이들이 있다. 글을 대하는 자세가 너무나도 경건해서 현재의 트렌드를 고려하지 않는 것이다. 그들은, 책을 출간하기 위해 글을 쓸 때는 결코 가볍지 않은 문체로 써야 하고, 진중한 문제 제기로 독자로 하여금 깊은 고민에 빠지게 만들어야 한다고 얘기한다. 또한 어려워 보이는 미사여구를 사용해 문장이 좀 더 화려해 보이게 써야 한다고 말한다. 하지만 나는 거기에 동의하지 않는다.

사람들이 자신의 책을 읽어주길 원한다면 트렌드를 응용할 줄 알아야 하고, 그들이 무엇을 원하는지 정확하게 꿰뚫고 있어야 한다. 그리고 그걸 파악했다면, 내 정체성을 훼손하지 않는 선에서 최대한 사람들의 니즈를 반영하는 것이 좋다. 한 번씩 서점에 가보면 '이렇게 써도 괜찮은 걸까?'라는 반응이 절로 나오는 책들이 있다. 그러나 그 책이 베스트셀러고 많은 독자가 선호한다면 그 책은 아주 잘 만들어진 책이다. 사람들에게 필요한 것을 꿰뚫은 책이고, 많은 독자에게 위로와 공감을 준 책이니 말이다.

나는 이렇게 두 가지 방법을 꾸준히 활용하며 작가로서 콘텐츠를 쌓아갔다. 그러다 보니 어느 순간 내 글을 기다리는 독자들이 많아졌다. 예전에는 내가 어떻게 글을 쓰면 되는지 문의할 곳을 찾곤 했는데, 이제는 이런 글을 써줬으면 좋겠다고 먼저 연락이 온다. 작가생활을 지속하기 위해 SNS 계정을 운영하니, 나는 어느새 상당한 계약금을 받고 출판사와 계약하는 작가가 되어 있었다. 뿐만 아니라 광고 콘텐츠 제작으로만 월 700만 원 이상을 벌게 됐고, 현재는 내가 꿈꿔왔던 출판사를 운영하며 연봉 3억 이상을 벌고 있다.

내가 정말 하고 싶은 말은 이것이다. "좋아하는 일의 미래 가능성을 평균 임금으로만 평가하고 있다면, 그 생각을 당장 깨부숴야 한다." 정말 좋아한다면 그 일의 비전을 찾고, 어떤 식으로든 그 일을 지속하고 발전시킬 수 있는 방법을 고민하는 게 우선이다. 도전해보지도 않았는데 '지금 이 임금을 받고 일해도 괜찮을까?'라는 걱정만 하고 있다면 결심을 해야 할 때다.

평균 임금을 따지기 전에 어떻게 그 일로 사람들에게 메시지를 주고, 접근할지를 고민하라. 이제까지 살아오며 겪어온 경험을 좋아하는 일을 하는데 어떻게 녹여낼 수 있는지 고심하라.

뿌리가 단단한 나무는 그 어떤 풍파에도 흔들리지 않으며, 풍파가 온 뒤 오히려 더 굳건해진다. 지금 여러분 주변에 있는 좌절과 고난을 문제라고 규정하지 말고 발전할 수 있는 기회라고 봐야 한다. 어떻게 하면 이 기회를 놓치지 않을 수 있을까라고 스스로에게 질문을 던져야 한다.

직업의 안전성은
어디에서 나오는 걸까?

'좋아하고 잘하는 일이 있긴 한데… 그 일을 하면 안정적이지 않을까 봐 걱정이에요. 제 나이가 적은 것도 아니고, 그나마 한 살이라도 어릴 때 시작하는 게 맞지 않을까요?' 30대 초반의 직장인들이 나에게 이런 고민을 자주 털어놓는다. 그중 특히 기억에 남는 분이 있다.

하고 싶은 일이 따로 있었지만 부모님의 만류로 2년여의 수험 생활 끝에 공무원 시험에 합격했고, 공직생활을 하는 분이었다. 일이 생각보다 어렵지는 않았지만, 오히려 공무원이 되고 난 후 취미로나마 하고 싶은 일을 간접적으로 체험하며, 그 일을 하고 싶다는 열망이 더더욱 커졌다고 했다.

하지만 함께 근무하는 사람들이 모두 공무원이다 보니 다들 안정적인 생활을 지향했고, 친한 선후배에게 자신이 하고 싶은 일에 대해 말해도 "그렇다고 이렇게 안정적인 직장을 포기하려고? 노후 생각도 해야지."라며 진지하게 답해주지 않았다. 그는 불안정한 미래에 대한 두려움 때문에 섣불리 어떻게 해야 할지 결정을 내리지 못하고 있었다.

그런데 과연 공무원이라는 직업이 옛날처럼 '안정적'인 것일까? '안정성'은 어디에서 오는 것일까? 내 지인 중에도 공무원 시험을 준비하는 이들이 많다. 이유를 물어보면 회사생활에서 만족할 수 없다면 칼퇴근과 연금이라도 '보장된' 일을 하며, 자신의 삶을 누리고 싶다고 말한다. 하지만 공무원의 최대 장점이라고 일컬어지는 정년 보장과 연금이 언제나 영원할까?

2021년 회계연도 국가결산보고서에 따르면, 우리나라의 부채는 2,200조 원에 달한다. 그리고 이 부채는 매년 감소하지 않고 증가한다. 그리고 부채의 절반 이상이 공무원과 군인에게 지급할 연금 때문에 쌓아두는 충당부채다. 뿐만 아니라 총 부채가 아닌, 공무원 연금충당부채만으로도 국민 1인당 부담액이 2,205만 원에 달한다. 공무원은 한 번 늘리기 시작하면 줄이기도 쉽지 않은 데다 국가가 지출해야 하는 연금 부담도 눈덩이처럼 불어나고 있다.

1979년 73만 5,000명이던 영국 공무원 수는 2022년 현재 47만 5천 명으로 감축됐다. 하지만 영국 정부는 3년간 총 9만 1천 명을 감축해서 연간 35억 파운드(약 5조 5천억 원)를 절약하기 위한 목표를 세웠다. 이건 우리나라에서도 충분히 일어날 수 있는 일이고, 이제 공무원이 마냥 '철밥통'이라 자신 있게 보장할 수도 없다.

지금 우리가 살아가고 체감하는 시대는 이전과 다르게 흘러가고 있다. 예전에 유효했던 법칙이 앞으로도 적용될 것이라는 보장은 없다. '안정성'을 기준으로 직업을 삼기에는 너무 위험이 크다는 이야기다. 그러니, 성공하고 싶다면 더욱이 '평생 직장'을 찾겠다는 욕심을 버려야 한다.

2020년 KOSIS(통계청)에 따른 우리나라의 평균 수명은 83.3세다. 2022년 경기연구원에서 전국 60세 이상 일하는 노인 500명을 대상으로 한 설문조사에서 은퇴 희망 연령은 평균 71세로 나타났다고 한다. 하지만, 2021년 통계청의

'경제활동인구조사 근로형태별 부가조사'에 따르면 60세 이상 인구의 경제 활동 참가율은 45.5%, 그들의 평균 임금은 월 167만 원에 불과하다고 한다. 이 말인즉슨, 노인들이 일을 하고 싶다고 하더라도 일을 할 수 있는 여건이나 환경이 제대로 조성되어있지 않고, 또 일을 한다 쳐도, 평균 월급이 굉장히 낮다라는 의미다. 이들이 만약 55세 정도의 평균 연령대로 은퇴하고 평균 수명 정도로 삶을 산다고 쳤을 때, 은퇴하고도 30년 가까운 시간을 더 살아야 하는데, 퇴직 후 생활비 충당에 대한 계획으로 국민연금에 의존하기에는 턱없이 부족하다. '안정성'이라는 변수가 많고 불완전한 기준에 휩싸여, 자신의 소중한 시간을 낭비하기보다, 지금 하는 일을 하며 좋아하는 일과 잘하는 일을 찾고 전문성을 쌓아야 한다. 절호의 기회가 생겼을 때 기회를 잡을 수 있는 능력을 갖춘다면 훨씬 더 행복한 삶을 살 수 있을 것이다.

변화와 발전의 속도가 가파른 현재를 살아가고 미래를 대비하기 위해서는 안정적인 평생 직장이 아니라 전문적인 '평생 직업'을 가져야 한다. 어느 회사의 누군가가 아닌, 어떤 일을 하는 사람으로 승부를 내야 하는 것이다.

일생에 단 한번은 독기를 품어라

안정성과 함께 자주 언급되는 문제가 있는데 바로 '나이'다. "이미 새로운 일을 도전하기에 늦은 것 같은데… 괜찮은 걸까요?"라고 묻는 사람들이 많다. 시카고대학교 경제학 교수 데이비드 갤런슨은 사람마다 독창성의 절정을 맞는 시기와 절정기의 지속 기간은 사고 유형에 따라 결정된다고 얘기한다. 그는 자신의 분야에서 두각을 나타낸 인물들을 연구한 결과, 혁신에는 서로 크게 다른 두 가지 유형이 있다는 사실을 발견했다.

첫 번째는 개념적 혁신가로 이들은 대단한 아이디어를 생각해내고 그 개념을 실행하는 데 착수한다. 두 번째는 실험적 혁신가다. 실험적 혁신가들은 시행착오를 통해 문제를 해결하며, 지식을 축적하고 진화한다. 이들은, 특정 문제를 다루면서도 처음부터 완벽한 해결책을 굳이 염두에 두지 않는다.

갤런슨 교수는 다방면에서 개념적 혁신가와 실험적 혁신가들의 작품을 연구한 결과, 그들의 전성기라고 여겨지는 평균 나이가 10세 이상 차이가 났다고 한다. 개념적 혁신가들이 30세 이전에 두각을 나타내는 데 비해, 실험적 혁신가들은 40세가 넘어서 두각을 나타내는 경우가 많았다. 결국 접근 방식의 차이지, 나이가 얼마인지는 일하는 데 크게 중요하지 않다는 얘기다. 나이와 주변 시선을 신경 쓰기보다 먼저 마음에 품은 여러 아이디어를 실현하기 위해 노력하고 최선을 다해야 한다.

우리가 가장 먼저 해야 할 일은, 인생을 다 털어 넣을 수 있는 한 방을 찾는 것도, 평생 돈 걱정 없이 '안정적'으로 근무할 수 있는 직장을 찾는 것도 아니다. 바로, 다양한 경험을 통해 좋아하고 잘하는 일을 찾아 그 일에 전력투구함으로써 평생의 '업'을 찾는 것이다.

더 이상 나이와 주변 시선에 매몰되어 자신의 가치관과 신념을 애써 부정하고 숨기지 마라. 미래는 앞으로 자신이 무엇을 좋아하고 잘할 수 있을지를 고민하는 사람에게 더 많은 기회를 선물해줄 것이다.

위험을 무릅쓰지 않는 사람이
가장 위험하다

위험을 기꺼이 감수하고 새로운 것을 시도하는 사람을 '리스크 테이커risk taker'라고 부른다. 새로운 기회로 도약하기 위해 현재 손에 쥔 것을 기꺼이 내려놓을 수 있을 때 비로소 리스크 테이커가 된다. 그런데 많은 사람이 '포기'라는 측면에만 초점을 맞추다 보니 리스크 테이커는 '위험하고 무모한 것을 시도하는 사람'이라는 부정적 인식이 강하다.

하지만 리스크 테이커는 세상에 불만을 품고 위험을 무릅쓰는 존재가 아니다. 오히려 '1년 후 생활이 나아질 것'

이라고 긍정적으로 자신의 앞날을 전망하는 이들이 무려 73.9%를 차지할 정도로 현실에 대한 만족도와 미래의 기대감이 높은 사람들이다.

리스크 테이커는 사회에 불만이 많고 도전적이어서 위험한 행동을 하는 것이 아니다. 규범과 원칙처럼 당위적인 것에 얽매이기보다 개방적인 자세로 자신의 삶을 발전시키는 사람들이다. 자기계발과 멘탈 관리를 철저히 하고, 자신을 적극적으로 표현하며 사회에 참여한다. 그렇기에 자존감이 높으며, 누구보다 삶을 주도적으로 꾸려간다.

'백문불여일견百聞不如一見'이라는 말이 있다. 백 번 듣는 것보다 한 번 보는 게 낫다는 사자성어다. 여기서 더 나아가서 백견불여일행百見不如一行이라는 말도 있다. '백 번 보는 것보다 한 번 행동하는 게 낫다'라는 뜻이다. 리스크 테이커들은 누구보다 이 말을 직접 체감하고 있는 사람들이다.

몸으로 직접 부딪쳐 보는 일은 새로운 것을 시도할 때 반드시 거쳐야 하는 과정이다. 우리는 대부분 자기성찰과 끊임없는 고뇌를 통해 관심 분야를 알아낼 수 있을 것이라 생각한다. 물론 성찰이 필요하긴 하다. 하지만, 경험이 없는 상태에서 내린 결론은 아무리 깊이 생각해본들 마치 허공에 떠

다니듯 현실과 동떨어져 있을 확률이 높다. 그렇기에 우리는 때로는 리스크 테이커처럼 무모함과 모험심에 기대어 새로운 일을 도전해 볼 필요가 있다. 몇 년째 속으로만 '한 번 해볼 걸' 하며 주저하고 있었다면, 불필요한 상념들을 배제하고 다양한 경험을 해볼 필요가 있다. 경험치가 높아질수록 성공할 가능성이 올라간다.

심상요법의 창시자 칼 사이먼튼은 "세상을 바꿀 빅 아이디어를 생산해낼 확률은 아이디어의 양이 많을수록 높아진다."라고 얘기했다. 상대성이론을 발표한 논문으로 유명해진 아인슈타인도 상대성이론 외에 248편의 논문을 발표했으며, 세계적인 발명가 에디슨은 전구의 질을 개선하기 위해 13개월 동안 6,000종이 넘는 재료를 사용해 실험했고, 7,000번 이상 실험하고 실패한 끝에 획기적인 성과를 얻었다. 여러분은 혹시 한 번의 시도로 좌절하고, 그 한 번의 실패에 얽매여 있는 것은 아닌가?

완전한 실패는 없다. 한 번에 원하는 대로 성취할 수 있다면 더없이 좋겠지만, 실패의 경험도 분명 나의 소중한 자산이 된다. 실패한 만큼 훨씬 더 많은 경험을 얻은 것이고, 실패가 두려워 시도하지 않은 사람들보다 훨씬 더 발전할 가능성이 높기 때문이다. 설령 도전해본 일이 자신과 맞지 않다는 것을 인지하더라도, 그 경험을 통해 반드시 깨닫고 느끼는 것들이 있기 마련이다.

펜실베니아대학교 심리학과 엔젤라 더크워스 교수는 자신의 저서 《그릿》에서 탐색의 힘을 강조하며, 올림픽 금메달리스트 수영 선수 로디 게인스의 사례를 소개한다. 로디 게인스는 인터뷰에서 "나는 어렸을 때 운동을 좋아했다. 고등학교에 입학한 뒤로는 미식축구, 야구, 농구, 골프, 테니스를 거쳐 수영팀에 들어갔다. 이 팀 저 팀을 계속 기웃거렸다. 푹 빠질 수 있는 종목을 찾을 때까지 여기저기 기웃거렸던 것 같다"라고 말했다.

만약 로디 게인스가 운동을 직업으로 삼기 위해 여러 영역을 탐색해볼 수 없는 환경에서 자랐다면, 수영에 대한 그의 흥미와 재능은 발견되지 못했을 가능성이 높다. 더크워스 교수는 "내가 면담한 그릿의 전형 대부분이 여러 관심사를 탐색하며 수년을 보냈고, 처음에는 평생의 운명이 될 줄 몰랐던 일이 결국 깨어있는 매 순간, 그리고 종종 잠드는 시간까지도 차지하는 일이 됐다"고 말했다.

많은 시도로 직접적인 경험을 겪어봐야 자신이 좋아하는

일과 잘하는 일을 찾을 수 있고, 그 일에 대한 전문가가 될 수 있다. 3년 후, 5년 후, 10년 후 당신은 지금을 어떻게 평가할까? 안정적인 일자리에 안주하며 무탈하게 잘 살아왔다고 생각할까? 아니면, '급격히 변하는 세상을 미처 보지 못한 채 안일하게 있었구나…' 라며 후회하고 있을까? 이 질문의 답은 스스로 알아낼 수밖에 없다. 우리에게는 답을 바꿀 시간이 아직 남아있다. 어떻게 바꿀 것인지는 당신의 선택에 달려 있다.

일생에 단 한번은 독기를 품어라

새로운 도전이

작심삼일로 끝나지 않으려면

"작가님만 따라가면 제가 어떤 일을 해야 할지 명확히 알 수 있겠죠?" 나에게 어떻게 살아야 할지 막막하다며 자신의 인생 방향을 묻는 분들이 있는데, 그럴 때마다 굉장히 당혹스럽다.

나는 당신에게, 당신이 어떤 일을 해야 하는지 명쾌하게 꼬집어 알려줄 수는 없다. 만약 당신이 빅데이터 전문가라면 그 일을 어떤 식으로 해야 효율적으로 할 수 있을지, 그 일을 하는 데 있어 당신이 모르고 있던 장점이 무엇이고 어떻게 역량을 개발할 수 있는지에 대해서만 도와줄 수 있지, "파이썬보다는 자바를 쓰세요"라는 식으로 일에 대해 세부적인 사항을 언급하며, A부터 Z까지 모든 일에 대해서 알려줄 수는 없다.

쉽게 정리하면, 당신이 하는 일에 대해서는 적어도 당신이 나보다 훨씬 더 전문가다. 내가 할 수 있는 일은 당신이 좋아서 시작한 일이 작심삼일로 끝나지 않도록 방법을 알려주는 것이다.

처음부터 이 일이 나에게 천직이다, 운명이다 라는 것을 느끼기는 정말 쉽지 않다. 그러기 위해서는 많은 경험을 쌓아야 하며, 그 경험을 어떻게 활용할지 알아야 한다. 어떤 사람은 경험을 통해 성장하지만, 어떤 사람은 경험을 하는데도 달라지지 않는다. 전자의 사람과 후자의 사람에게는 결정적 차이가 있다. 바로 내가 하는 일의 '본질'을 얼마나 제대로 파악하고 있는가다.

다양한 경험을 하면서도 내가 어떤 일을 하고 있는지를 확실히 아는 사람은 경험을 통해 자신의 뿌리에 영양분을 공급한다. 뿐만 아니라, 수많은 경험 중에서 자신의 성공에 도움이 될 만한 것들을 계속 찾아내고 습득해나간다.

　나의 경우를 예로 들면, 이미 좋아하고 잘하는 일을 하고 있지만, 이 뿌리를 내 인생에 깊게 내리기 위해 다양한 공부를 병행하고 있다. 처세술에 대한 공부와 마케팅과 세일즈에 대한 공부도 소홀히 하지 않는다. 처세술은 언젠가 내게 도움을 줄 수 있는 사람을 만났을 때 그 기회를 놓치지 않기 위함이고, 마케팅과 세일즈는 글을 써서 내 글을 어떤 식으로 알리고 어떻게 원하는 사람에게 팔 것인지 더 잘 알기 위함이다.

　이때 가장 중요한 것은 내가 하고 싶은 일의 뿌리, 즉 '본질'을 파악하고, 그 일을 지속하기 위한 세부적인 계획을 세우는 것이다. 내가 하는 업의 본질은 '사람들에게 유용한 콘텐츠를 제공함으로써 성장의 기회를 주고 싶다'는 것이다. 여러분이 하고자 하는 일의 본질은 무엇인가? 그 일을 지속하기 위해 어떤 지식을 배우고 어떤 역량을 쌓고 있는가?

　만약 일에 대한 확신이 없고 본질을 모르는 사람들이라면, '글 이렇게 대충 따라 쓰면 되겠네. 생각보다 글 쓰는 일이 나랑 잘 맞네'라는 식으로, 글을 써봤는데 생각보다 잘 써진다고 작가가 되는 법을 알아보고, SNS 채널에 감성적인 글을 작성한다. 하지만 예상보다 사람들의 관심을 받지 못하고, 결국 몇 주 못 가 시들해진다. 그러다 우연히 처세술에 대한 교육을 듣게 되고, 생뚱맞게 사람을 대하는 일이 자신에게 적합하다고 생각하게 된다. '아, 맞아. 난 결국 사람들을 좋아했어.' 그리고 사람들을 만나는 직업을 찾아보다 영업을 시작한다.

그러나 영업직은 사람들을 좋아하는 것 외에도 공부해야 할 게 정말 많다. 사람들과 교류하며 상호 이익이 되는 가치나 물건을 교환하는 것이 영업의 본질이다. 이를 잘 해내고 지속하려면, 타인의 마음을 잘 헤아릴 수 있는 심리학적 지식도 기르고 협상력도 길러야 한다. 일을 지속하기 위해서는 끊임 없는 공부가 필요한 것이다.

절대 성공할 수 없는 사람들의 특징 중 하나는 결국 '끈기가 없다'라는 것이다. 이들은 진입장벽이 굉장히 높다는 걸 깨닫고, 쉽게 포기한다. 이렇게 이것저것 하다 보면 그 경험이 선으로 연결되기는커녕, 자존감의 하락으로 이어진다. 정확한 뿌리가 없기 때문에 갈대처럼 이리저리 흔들리다 결국 좌절하고 마는 것이다.

그런 일을 겪지 않기 위해서는 앞서 얘기했듯 내가 정말 무엇을 좋아하고 잘하는가를 알았다면 똑똑하게 그 일에 대해 분석하길 바란다. 다시 한번 말하지만 좋아하고 잘하는 일에서 전문가적 소양을 쌓고 역량을 개발하는 것은 절대 쉬운 여정이 아니다. 교육을 듣는다고 빨리 성장한다는 보장도 없고, 원하는 목표를 절대 단기간에 이룰 수도 없다. 그렇기에 어떤 것에도 흔들리지 않는 '본질'을 인지하고 끈기를 가지는 것이 무엇보다 중요하다.

마지막으로, 본질은 가치관, 재능, 열망이라는 세 박자와도 맞아떨어져야 한다. 본인이 그 일을 하면서 떳떳해야 하고, 그 일에 필요한 최소한의 재능이 충족되어야 하며, 그 일을 하며 누군가를 도와줄 때 기뻐야 한다. 잊지 말자. 그래야 당신이 사랑하는 일을 꾸준히, 열정적으로 지속할 수 있다.

자기계발을
계속해야 하는 이유

"돈을 벌기 위해서는 책을 써야 하나요?"

이 질문에 단호하게 "아니오"라고 말하고 싶다. 사람들에게 나 자신을 작가라고 소개하면 부러움과 존경의 시선을 받을 때도 많지만, 사실 나는 두 번째 책을 쓸 때까지 계약금을 받아본 적이 없다. 이유는 간단하다. 첫 번째는 내가 저자로서 인지도가 높지 않았기 때문이고, 두 번째는 출판사에서 내가 보낸 출판제안서에 매력을 느끼지 못했기 때문이다.

내가 쓰고자 하는 주제의 시장성이나 타깃 독자층을 파

악할 수 있는 기획서를 쓰는 대신, 나는 내가 쓰고 싶은 대로 출간기획서를 작성했고, 출판사에서는 당연히 내 책을 매력적으로 평가할 이유가 없었다. 그 결과 나는 출판 시장에서 오랫동안 살아남은 베테랑 출판사들의 먹잇감이 되었다. 먹잇감. 이 단어가 불편해 보일 수 있지만, 그만큼 그때의 상황을 적합하게 나타내는 단어는 없었다. 첫 책은 3,000부가 넘게 팔렸지만 정작 내 수중에 들어온 돈은 하나도 없었다. 두 번째 책도 마찬가지였다.

요즘에는 책 쓰기 교육을 제공하는 업체들을 쉽게 찾을 수 있다. 그들은 하나같이 빨리 돈을 벌기 위해 책을 쓰라고 얘기한다. 일단 책을 출간하고 성공하게 된다면, 그 분야의 전문가로 발돋움할 때 유리하다고 강조한다. 물론, 나 또한 첫 책을 마중물로 독자들이 늘어나더니 어느덧 8번째 책을 출간했으며, 지금까지의 인세로만 1억이 넘는 돈을 받았다. 그리고 현재 내가 운영하는 출판사에서 출간한 저서인《잘 살아라 그게 최고의 복수다》는 2022년 11월 기준 7만 부 이상 판매됐다. 이처럼 책을 출판하면서 수많은 기회가 찾아온 것도 사실이다. 하지만, 지금 다시 그때로 돌아간다면 나는 절대 책 쓰기 교육을 받으며 책을 쓰지는 않을 것이다.

1,000만 원 상당의 비용을 내며 들었던 책 쓰기 수업에서 업체는 '책을 내는 것'에만 집착했다. 그 이유는 수강생들의 출판계약과 출판 건수가 곧 자신들의 이력이 되고 마케팅의 수단이었으니 말이다. 그들이 하는 교육은 단순했다. 나는 그 수업이 몇 주 동안 어떻게 책을 써야 하는지 노하우를 알려주기보다 글을 처음 쓰는 사람들에게 맞는 글쓰기 수업이라고 느꼈다. 그때 당시 나는 100권 정도의 책을 읽고 독후감을 쓰는 습관을 들였었기에, 수업에서 알려주는 대로 글 쓰는 일은 식은 죽 먹기였다. 그래서 나는 큰돈을 투자해 책 쓰기 교육을 받은 것을 후회했다.

하지만 큰돈을 투자해 교육을 들은 만큼 포기하고 싶지 않았고, 추석 연휴와 휴가를 붙여 써서 약 3주 만에 몰입해 초고를 완성시켰다. 그리고 서점을 다니며 일일이 내 원고와 색이 맞는 출판사를 조사했고, 투고하기 시작했다. 그렇게 2주 뒤, 세 군데에서 연락이 왔고 나에게 가장 '진심'을 보여줬다고 생각했던 출판사와 계약했다.

이 글을 읽는 사람들에게, 특히 책을 내고 싶은 사람들에게 전하고 싶은 얘기가 있다면, 출판 시장에서 '진심'은 계약금이라는 말을 하고 싶다. 출판사에서 아무리 잘해주고 마케팅 측면에서 큰 도움을 준다고 말하더라도 출판사의 역량을 가장 잘 가늠해볼 수 있는 건 '계약금'이다. 즉, 출판사가 주는 계약금이 당신의 책을 위해 마케팅과 세일즈를 얼마나 열심히 할 것인지를 보여주는 척도라 할 수 있다.

주변에 말은 번지르르하게 하고 계약한 후, 입을 싹 닦고 작가 본인에게 책을 구매하라고 제안하는 출판사 때문에 힘듦을 토로하는 지인들도 많이 봤다. 그렇기에 책을 내는 것만이 능사가 아니라, 어떤 출판사와 어떤 형식으로 책을 내는지가 제일 중요하다. 나는 많은 투고 경험을 토대로 이제는 메이저 출판사에서 먼저 제안이 오는 단계까지 이르렀다. 그리고 그렇게 되기까지 겪었던 힘든 경험들을 통해 더 이상 "먼저 책을 쓰세요! 그럼 성공합니다!"라는 말이 얼마나 헛된 얘기인지도 깨달았다.

책 쓰기 교육을 제공하는 업체는 자체적으로 출판사를 운영하고 있다. 여러분이 출판사를 운영한다고 생각해보자. 아무것도 없는 사람이 열심히 책을 써서 출판해달라고 한다면 과연 흔쾌히 계약하겠는가? 자본주의의 가장 큰 덕목이 이익 추구인데, 이윤이 나지 않을 것 같은 기획이나 저자가 출판계약을 하자고 한다면 선뜻 나서기 어렵다. 굳이 디자인과 인쇄 비용, 콘셉트 회의까지 하면서 그 책을 출판할 이유가 없다. 그래서 책 쓰기 교육을 제공하는 업체에서는 그런 사람들을 대상으로 돈을 받고 책을 출판시켜준다. 이 비용도 어마어마하다. 수업료와 비슷하다. 그렇게 2천만 원 가까운 돈을 투자해서 출판한다고 내가 종사하거나 좋아하는 분야에서 돈을 벌 수 있을까? 단언컨대 절대 아니다.

더욱이 출판했다고 끝이 아니다. 오히려 그때부터 독자들에 닿기까지의 치열한 과정이 시작된다. 출판을 해서 작가가 됐고 브랜딩을 했다고 가정하자. 그렇다면 마케팅과 세일즈를 어떻게 할 것인가? 책을 냈다고 도서관, 문화센터, 공공기관, 기업강연이 순차적으로 우리를 오매불망 기다리고 있을까? "안녕하세요. OO 님. S 전자입니다. 이번에 책 내신 소식 들었습니다. 기다리고 있었습니다. 일정이 괜찮으시다면 강연을 요청드리고 싶습니다"라며 연락해오지 않는다. 아무도 내 출간 사실을 모른다. 잔인하지만 현실이 그렇다. 그렇기에 업계에서 베스트셀러를 출간한 적이 있는 출판사(이를테면 마인드셋 출판사..)와 계약하는 것이 좋고, 그러려면 우선 내 원고가 괜찮아야 한다.

그런데 원고가 괜찮다는 말은 글을 잘 썼다는 것만 뜻하지 않는다. 이 책에서 다루는 내용을 궁금해할 독자들이 얼마나 될지, 기획적인 측면에서 얼마나 탄탄하게 글이 구성되어 있는지도 살펴야 한다.

가령 유튜버들을 대상으로 책을 낸다고 해보자. 내 채널의 구독자가 1천 명도 되지 않는다. 그런데 유튜브를 키우는 법과 유튜브를 하기 전과 후의 달라진 내 인생을 책으로 쓴다면, 누가 내 책을 볼까? 구독자 1천 명이라는 수치는 대단하지만, 유튜브 시장에서의 파급력은 미비하다. 구독자 1천 명 이상을 가진 유튜버를 찾기는 정말 어렵지 않다.

그 상황에서 유튜브에 대한 책을 써야 한다면, 나는 이렇게 접근할 것이다. 정치/시사, 먹방, 스포츠, 헬스, V-LOG, 게임 등의 카테고리를 나눈 뒤, 그 분야 최고의 유튜버(최소 10명)의 자료를 분석하거나 인터뷰해 그들이 성공한 이유, 그리고 유튜브 알고리즘을 통해 어떤 식으로 구독자에게 노출되는지를 분석한 책을 쓸 것이다. 그렇게 하면 사람들은 내가 처음 출판하려고 했던 책보다 후자의 책에 훨씬 더 호기심을 가지고 접근할 것이다. 누군가에게 본인의 얘기를 들려주고 싶어 하는 사람들이 많다. 그러나 정작 그들은 '사람들이 무엇을 듣고 싶어 하는지'는 잘 모른다. 내가 하고 싶은 이야기만 하려고 한다면, 누가 내 책을 읽겠는가?

그렇기에 책을 쓰기 전에 그 분야에 대한 시장 조사와 내가 차별화할 수 있는 경쟁력이 무엇이 있는지 계속 분석하고 연구해야 한다.

"SNS 채널은 어떤 게 터질지 모르니 전부 다 운영해야 하나요?"

이 질문에 대해서도 나는 단호하게 "아니오"라고 말하고 싶다. SNS 채널은 자신의 정체성을 노출하는 데 적합한 것 하나만 운영해도 충분하다. 물론 여건이나 시간이 된다면 여러 채널을 활용해도 좋다

나는 주로 인스타그램을 집중적으로 이용한다. 내 콘텐츠를 보는 고객층의 특성상 25~34세 여성이 많기 때문이다. 그래서 여섯 번째 책인《잘 살아라 그게 최고의 복수다》의 타깃 독자층과 잘 맞아떨어질 수 있었다. 그리고 콘텐츠에 대해서도 그냥 꾸준히 '1일 1콘텐츠'를 올리는 게 아니라, 나와 비슷한 느낌으로 운영하는 인플루언서들을 찾아 그들의 피드를 참고해서 나만의 개성을 더한 콘텐츠를 만들어야

한다.

SNS별로 통하는 느낌과 내용이 천차만별이라 잘 분석하고 시작해야지, 그렇지 않으면 어떤 것 하나도 제대로 만들 수가 없을 것이다. '꾸준히 하면 잘되겠지'라고 SNS에 뛰어드는 것은 수영을 배우지 않고 '물속에 가만히 있으면 헤엄을 잘 치겠지'라며 수심 깊은 곳에 뛰어드는 것과 다름없다. 즉, 살아남을 확률이 희박하다는 것이다.

이 책을 읽는 여러분은 단순히 추억을 기록하기 위해 SNS를 하는 게 아닐 것이다. 본인의 커리어를 좀 더 브랜딩하고 전문가답게 포장하기 위해 하는 것이라면, 취미로 운영할 때와 같은 방법을 쓰면 안 된다. 어떤 콘텐츠가 노출이 잘되고 반응이 좋은지 벤치마킹하며 개발해야 한다. 배움을 게을리하는 순간 트렌드에서 도태되기 쉽다.

Chapter 2

본질을 파악하면
방향이 보인다

── 덕'業'一致 ──

업은 직업을 의미한다. 앞서 좋아하는 일이 무엇인지 범위를 좁혀가며 찾았다면, 이번에는 좋아하는 일을 어떻게 직업으로 삼을 수 있는지 살펴볼 것이다. 좋아하는 일을 하면서도 어떻게 경제적인 문제를 해결하고 지속해나갈 수 있는지 그 방법을 소개한다.

잘하는 일을 하기 위한
세 가지 조건

"당신이 잘하는 건 뭐라고 생각하세요?"

성공하고 싶다고 패기 넘치게 나를 찾아오는 사람들에게 나는 종종 이런 질문을 던진다. 그때마다 대부분 자신의 장점을 얘기하길 쑥스러워하거나, 없다고 대답한다. 만약 없다고 말하는 경우 나는 주변 사람들이 본인의 어떤 점을 칭찬해주는지를 얘기해달라고 요청한다. 그럼 "저는 사람들의 얘기를 잘 들어주는 편이에요" 혹은 "언어적 능력이 뛰어나다는 말을 듣는 편이에요" 같은 얘기를 하기 시작한다. 여기서 나는 스스로가 그렇게 받아들이지 않더라도 상대방이 나를 그렇게 느낀다는 게 굉장히 중요한 포인트라고 생각한다. 어쨌든 우리는 좋아하고 잘하는 것으로 수익을 내야 하고, 그렇다면 상대방에게 가치를 제공할 수 있는 사람이 되어야 하기 때문이다.

스스로 축구를 굉장히 잘한다고 생각해도, 상대방이 나를 그렇게 생각하지 않는다면 객관화되지 않은 재능인 셈이다. 그래서 주변인들이 하는 칭찬이나 나에 대한 평을 유심히 들어볼 필요가 있다. 칭찬 자체가 니즈로 발전할 가능성이 풍부하기 때문이다.

앞서 나는 좋아하고 잘하는 일을 찾기 위해 여러 기준에 대해 말해왔는데, 그 모든 것들을 세 가지로 다시 정리할 수 있다. 바로 가치관, 열망, 재능이다.

첫 번째, 나와 가치관이 맞는 일이어야 무엇보다 오랫동안 지속할 수 있다. 예를 들어보자. A는 무언가를 기획하는 걸 굉장히 좋아한다. 실제로 그 분야에 재능도 풍부했고, 대학에서도 운 좋게 광고홍보학을 전공했다. 원하던 대로 기획하는 회사에 들어가서 실력을 인정받았다. A는 직장에서 '돌연변이'로 통했다. 회사원들 대부분은 야근을 싫어했지만, A는 일이 있으면 밤을 새워서라도 근무해 일을 끝냈고, 실제로 본인이 맡은 업무에 만족도도 높고 즐거워했다. 그러다 보니 회사도 A도, 서로가 서로를 좋아했고 A는 자신이 이 회사에서 최소한 10년은 일하리라 생각했다. 그러던 어느날 B 기업 관계자에게 연락이 왔다.

그 연락은 다름 아니라, A가 일하던 회사에서 신입사원 워크숍을 기획했는데, B 기업 관계자가 앞으로 5년 동안 A 기업과 함께 일할 테니 신입사원 워크숍 예산을 어느 정도 융통성 있게 쓰고, 남는 금액은 본인에게 달라고 한 것이다. A는 황당했다. 예산은 빡빡했고, 어느 것 하나 빠진다면 워크숍의 퀄리티가 떨어질 게 자명했기 때문이었다.

그러나 함께 일하던 선배들은 B의 제안을 당연한 듯이 받아들였고, 업계 관행이라 말했다. A는 주변인들의 평가, 그리고 본인이 그 일을 얼마나 좋아하는지에 대한 열망, 자신의 일에 대한 재능까지 완벽히 맞아떨어졌지만, 본인이 가지고 있던 가치관인 '불합리한 일이 있으면 고쳐야 한다'와 이 일이 맞지 않는다는 걸 깨달았다. 그래서 점차 일하는 것이 스트레스로 다가왔고 지쳐갔다. 그는 결국 많은 사람과 논쟁하며 가치관의 충돌이 불가피한 회사생활을 그만두고, 자신

일생에 단 한번은 독기를 품어라

이 직접 일을 받고 기획하는 프리랜서로 살고 있다.

그리고 두 번째, 열망이 있어야 좋아하는 일에서 성장할 수 있다. 가치관도 맞고 재능도 있고, 주변인들의 평가도 좋다. 하지만 정작 자신이 그 일에 열정이 없다면, 일을 지속해도 보람을 느끼지 못한다. B는 어릴 때부터 그림을 잘 그린다는 소리를 많이 들었다. 실제로 그는 학원에 다닌 적이 없는 데도 또래에 비해 뛰어난 그림 실력을 가졌었다. 그는 친구의 권유로 신발 디자인 공모전에 나가서 우수상까지 받을 정도였다. 가치관도 맞고, 재능도 있었다. 그런데 정작 자신이 그림 그리는 일을 업으로 삼고 싶어 하지 않 했고, 그저 심심할 때 기분 전환 삼아 그리는 정도로 생각했다. 그는 열정이 크게 느껴지지 않는 곳에 시간과 에너지를 쏟는 일이 불편하고 무의미하게 느껴졌고, 결국 취미로만 그림을 그리게 되었다.

세 번째는 재능이다. 가치관도 맞고, 본인도 열망이 있지만 정작 재능이 없다면 사실 그 일을 지속한다고 해도 큰 성과가 나올 가능성은 희박하다. 재능의 여부는 무엇보다 자신이 가장 잘 안다. 내 경우를 보면 나는 디테일에 취약하다. 사실 이 부분을 고치려 노력해봤지만 섬세하게 타고난 사람

본질을 파악하면 방향이 보인다

들에 비해 안목이 부족하다는 사실을 받아들여야 했다. 그래서 나는 디테일한 감각이 필요한 부분은 외주를 맡기거나 지인에게 부탁하는 편이다. 재능이 없는 분야를 잡고 시간을 소비하는 것보다 내가 잘하고 좋아하는 것에 집중해서 그 분야의 그릇을 넓히는 게 맞다고 생각한다. 본인이 점프력이 좋지 않고 달리기가 느리다면 어느 정도 연습으로 개선할 수는 있겠지만, 운동능력이 타고난 사람과 비교한다면 한없이 부족할 수밖에 없지 않은가.

가치관, 열망, 재능. 이 셋 중 어느 것 하나라도 빠진다면 아무리 내가 좋아하고 잘하는 일이라도 지속하기 어렵다. 지금까지 좋아하고 잘하는 일을 찾는 여러 과정을 살펴보았다. 이렇게 자세히 다룬 이유는, 그만큼 중요하고, 이 부분에 대한 이해가 확립되지 않으면 다음의 내용들도 무용지물이 될 수 있기 때문이다. 이제는 본격적으로 좋아하는 일을 어떻게 수익을 내는 일로 바꿀 수 있는지 그 방법을 함께 알아가도록 하겠다.

무엇보다
나 자신을 믿어야 한다.

첫 책을 출판했을 때 출판사에서는 나를 '독서하는 군인'으로 마케팅했었다. 당시 내가 군인이었고, 또 독서 관련 책을 썼기 때문이다. '군인과 독서'라는 조합이 참신했는지 각종 공공기관, 독서모임, 그리고 군부대에서 강연 요청이 들어왔다. 하지만, 정작 나는 내가 과연 독서 전문가라고 할 수 있는지 걱정스러웠다.

당시 내가 읽은 책은 고작 400여 권 정도였다. 일 년의 시간 동안 그 책들을 읽으며 인생에서 큰 변화를 경험했지만, 대부분이 자기계발서였고 역사와 시사 분야에는 취약할 수밖에 없었다. 주변 지인에 한해서야 나름대로 독서깨나 하는 사람이었지, 처음 보는 사람에게 독서 전문가라고 당당하게 명함을 내밀기가 부끄러웠다.

그래서 나는 내 브랜딩 전략을 바꾸기로 했다. 내가 타깃으로 삼은 독자층은 독서를 어느 정도 했던 사람들이 아니었다. 그들에게는 내가 지식을 전달해봤자 이미 알고 있던 지식일 확률이 높았다. 나의 핵심 타깃층은 독서를 제대로 실천해본 경험이 적거나 책에 대해 막연히 두려움을 갖고 있는 사람들이었다. 이렇게 생각을 바꾸니 사실 문제될 게 전혀 없었다.

모든 사람을 대상으로 독서 전문가로 포지셔닝했다면 당연히 반감을 샀을 것이다. "재가 독서 전문가라는데 말해보니까, 그 책도 안 읽었던데? 그쪽 지식에 무지하던데?" 하고 말이다. 그러나 구체적인 타깃을 설정하고 그들을 위한 책을 쓰고, 그들을 위한 콘텐츠를 만드니, 오히려 타깃층으로 삼지 않았던 사람들에게서도 호의적인 반응이 나왔다. 나보다 훨씬 독서의 내공이 깊은 분들이 찾아와, 어떤 방식으로 독서를 했고, 또 그것을 사람들과 어떻게 공유하는지 노하우를 물어보기 시작한 것이다.

그렇게 타깃층을 확장해나가니 나름대로 빅데이터가 모이기 시작했으며, 책임감을 갖고 독서를 하게 되면서 알게 모르게 굉장한 내적 성장도 이루게 됐다.

최근에 아주 인상 깊은 강연 하나를 들었다. 강연을 진행한 분은 이름만 말하면 누구나 다 아는 사업체를 소유하고 있었고, 지금은 많은 사람을 도와주며 살고 있다. 그분의 강연이 끝나자 누군가가 사업에 대한 고민을 토로하기 시작했다. "이제 막 사업을 시작한 지 일 년이 되어 가는데, 누구를 가장 좋은 멘토로 삼으면 될까요?"라는 질문을 던진 것이다. 그때 그분이 이렇게 답했다.

"3~5년 차로 본인의 사업을 잘 만들어가고 있는 사람을 멘토로 삼으세요. 대부분의 신생 사업가가 착각하고 있는 게 있습니다. 이미 그 분야에서 큰 성공을 이룬 사람들에게만 배울 게 많다고 생각하는 것이죠. 하지만 저는 생각이 다릅니다. 대학생이 유치원생의 마음을 이해해줄 수 있나요? 물론 본인도 유치원생이었을 때가 있겠지만, 아마 너무 오래전이라 기억이 잘 나지 않을 겁니다. 하지만, 초등학교 1학년은 유치원생의 마음을 너무 잘 이해하겠죠. 사업도 마찬가지입니다. 3~5년 차의 선배 사업가들이 본인에게 가장 큰 도움이 될 겁니다."

그 말을 듣고 정말 100% 동의했던 기억이 있다. 많은 사람이 본인의 전공이나 좋아하고 잘하는 일에 자신 없는 태도를 보인다. "이건 내가 그냥 좋아하는 건데… 이걸로 어떻게 돈을 벌죠?" "친구들 사이에서는 그래도 꽤 잘한다고 생각해요. 하지만 이 분야에서 성공적으로 돈을 버는 사람들을 보면 제가 넘을 수 없는 벽이 있어요. 그래서 일단은 실력을 더 쌓아야 할 것 같아요." 표면적으로 보면 맞는 말들이다. 단순히 좋아한다고 수익을 낼 수 없고, 잘하지만 전문가가 아니기 때문에 사람들에게 신뢰감을 주지 못할 수도 있다. 하지만 이때 생각을 달리해 자신의 '타깃층'이 누구인지찾아야 한다. 이 부분을 고려하지 않은 채 단순히 '모두'를 타깃으로 삼고 있다면, 성공할 확률은 당연히 낮아질 수밖에없다.

혹시 당신은 SNS나 인터넷을 보며 이런 생각이 든 적이 있는가? '저 사람은 별로 실력도 없어 보이는데 콘텐츠를 공개하면 많은 사람이 관심을 갖네?' '저 사람보다 내가 더 잘하는 거 같은데… 왜 저런 사람에게 사람들이 모이는 거지?' 나는 이러한 생각이 대단히 잘못되었다고 생각한다. 그 사람이 당신보다 실력이 없을 수도 있지만, 본인의 타깃층을 확실하게 겨냥해 마케팅과 세일즈를 하는 사람이다.

그러니 당연히 수요가 있고, 그 수요를 바탕으로 안정적인 수익을 내는 것이다. 실력이 없어 보이지만, 사람들이 그 사람에게 열광한다면 우리는 단순히 그 사람을 비난할 것이 아니라, 그 이유를 분석해야 한다. 어떤 사람들을 타깃으로 삼는지, 무엇을 파는지, 커리큘럼은 어떻게 되는지, 가격대는 어떻게 선정했는지 등을 꼼꼼하게 파악해야 한다. '저 사람만의 특별한 게 뭘까? 그렇다면 나에게 사람들을 끌어올 만한 특별한 매력으로 무엇을 내세울 수 있을까?' 하며 끊임없이 고민하고 연구해야한다.

물론 우리는 궁극적으로 우리가 좋아하는 분야에서 최고가 되어야 한다는 목표를 갖고 있어야 한다. 하지만, 처음부터 모든 것을 해내려고 하면 그릇이 깨질 수도 있다. 내가 초보라면 왕초보를 타깃으로 삼아 브랜딩하고, 중수라면 초보를 겨냥해 브랜딩을 해야 한다. 내가 갖고 있는 역량도 중요하지만, 초보를 가르칠 때는 초보에 맞는 눈높이로 콘텐츠를 세일즈해야 한다. 그렇게 세일즈를 하다 보면 자연스레 한 단계 성장한 자신을 발견할 수 있을 것이다.

일생에 단 한번은 독기를 품어라

사람의 마음을 움직이는

콘텐츠를 만들어라

콘텐츠는 내 정체성을 보여주는 창작물이다. 유튜버들이 영상을 자신만의 스타일로 편집해서 유튜브에 올리는 것도 콘텐츠고, 인스타그래머들이 카드뉴스 형식으로 본인을 브랜딩하는 것도 콘텐츠다. 이때, 잘 되는 콘텐츠에는 반드시 '공감'이라는 키워드가 존재한다.

여러분이 이 글을 읽고 있는 이유는, 아마도 내 SNS 채널을 보며 내가 도대체 무엇을 하는 사람인지 궁금했거나 프롤로그에서 써둔 문장 중 마음을 움직이는 무언가를 느꼈기 때문일 것이다. 나는 글의 서두에 여러분에게 질문을 던졌었다. '당신은 얼마나 자신의 삶을 간절하게 개선시킬 의지가 있는가?' '한 번쯤은 독기를 품고 죽을만큼 최선을 다해야 되지 않겠는가?'라고. 그 프롤로그의 몇 가지 문장을 보거나, 콘텐츠를 보고, '아, 지금 진짜 나에게 필요한 책이구나.' '지금 내 상황에 딱 맞는 이야기네.'라며 감정이입을 했을 것이고 그 다음에 제시한 사례들에 더 깊이 공감하며 글을 읽어왔을 것이다. 이런 식으로 콘텐츠는 그 사람의 눈길과 마음을 끌어야 한다.

우리가 짜증을 내고 욕을 하면서도 자극적인 뉴스 기사의 제목을 보는 이유는 무엇일까? 간단하다. 눈길이 가기 때문이다. 물론 자극에만 초점을 맞추고, 내용과 제목이 판이한 콘텐츠는 지양해야겠지만, 적어도 그 뉴스를 보면서 다른 사람들처럼 낚였다며 욕만 하고 끝내는 게 아니라, 어떤 포인트에 클릭하게 되었는지 분석하는 습관을 들여야 한다.

나는 내 콘텐츠를 공개하는 데 인스타그램을 주요 채널로 운영하고 있으며, 항상 콘텐츠에 대한 반응을 그때그때 확인한다. 큰 틀을 해치지 않는 선에서 모양도 바꿔보고, 여러 주제를 다뤄봤다가, 화제가 된 신조어들을 제목으로 써먹어 보는 등 나름대로 반응을 살피고, 빅데이터를 모으고 있다. 물론 빅데이터에 따라 작업한 콘텐츠가 항상 성공적인 결과로 이어지지는 않았다.

때로는 확신을 갖고 이틀 동안 공을 들였던 콘텐츠가 2만 명도 보지 않아서 좌절할 때도 있었고, 별 기대 없이 올렸던 콘텐츠가 500만 명이 넘는 사람들에게 조회된 적도 있었다. 그런데 이 과정에서 절실히 깨달은 것은, 내가 원하는 대로 만들기보다 고객이 원하는 콘텐츠를 만들어야 한다는 것이었다. 그들이 품고 있는 고민을 짚어내고, 그 고민을 어떻게 해결할 수 있는지 실마리를 제시해주는 콘텐츠가 노출이 잘되는 경우가 많았다.

어렵게 생각할 필요가 없다. 여러분이 닭고기 사업을 하고 있다고 가정해보자. 집에서 우연히 주꾸미와 닭을 섞어서 요리를 해봤는데 예상보다 조합이 괜찮았다. 생각해보니 주꾸미와 닭을 섞은 제품이 시중에 없는 것 같고, 한번 개발해보는 것도 나쁘지 않을 것 같다. 하지만 그 전에 여러분은 반드시 시장분석과 예상 소비자의 취향을 조사해야 한다. 단순히 내 직감을 믿고 제품 출시를 진행한다면 변수도 많고, 성공할 확률도 극히 낮다. 기업에 대한 정보도 없이 그저 감에 의존해서 주식을 사는 꼴이다.

시장 조사를 통해 잠재적 고객층의 의견을 수렴했다면 그 후에는 제품을 냉철하고 객관적으로 돌아봐야 한다. '고객 입장에서 주꾸미와 닭을 함께 먹어야 하는 이유가 뭘까?' '주꾸미의 매운맛이 후라이드 치킨의 담백한 맛을 상쇄시킬 수 있을까?'라며 제품의 완성도를 높이기 위한 질문을 던지고 답을 찾아야 한다. 아쉬운 점을 억지로라도 만들어줘야 한다. 그게 콘텐츠 크리에이터의 역할이다.

이처럼 좋은 콘텐츠란 내가 아닌, 고객의 아쉬운 점을 채워주고 긁어주는 것이다. 만약 아쉬운 점이 없다고 해도, 다시 한 번 강조해도 지나치지 않는다. 내가 만들고 싶은 콘텐츠가 아닌 많은 사람이 원하는 콘텐츠를 만들어야 한다. 이 점을 알고 콘텐츠를 만드는 사람과 그렇지 않은 사람의 차이는 계속해서 벌어질 수밖에 없다. 사람들이 무엇을 원하고 왜 원하는지를 분석한 뒤에 접근 방식을 고심하라. 그리고 항상 문제점과 아쉬운 점을 제시해야 한다. 공감과 만족보다는 부족함과 아쉬움을 느끼고, 그 문제를 해결할 실마리를 품은 콘텐츠가 사람들의 이목을 집중시킨다.

나는 콘텐츠를 만들거나 기획서를 쓸 때 파소나*PASONA* 전략을 자주 사용하는 편이라 한번 짚고 넘어가고자 한다.

파소나 기법의 첫 번째는 문제 제기*Problem*다. 고객의 문제, 즉 고객이 지금 고민하는 지점들을 짚어내고 공감을 이끌어낸다. 두 번째, 진근감*Affinity*이다. 구매자가 느끼는 아픔과 욕구를 나도 갖고 있음을 어필한다.

세 번째, 해결책*Solution*을 제시한다. 고민을 짚어냈다면, 해결할 수 있는 실마리를 제공하거나 따라 할 수 있는 방법이 있다는 점을 강조한다. 여기서 중요한 것은 방법을 줄줄이 나열하는 것이 아니라 있다는 것을 확신시켜주는 것이 포인트다.

네 번째, 제안*Offer*이다. 가격이나 혜택에 대한 구체적인 제안을 제시한다. 다섯 번째, 제한*Narrowing down*을 둔다. '8시 전까지 구매하면 30% 할인!' '재고 마감 임박!' 등 구매자의 욕구를 자극하는 것도 이와 같은 맥락이다.

마지막으로 여섯 번째는 행동*Action*이다. 제한을 걸어놓고, 행동으로 유도하는 방법이다. 처음부터 정보를 제공하는 식으로 접근하기보다는 이 파소나 전략을 사용하여 고객의 마음을 사로잡으면 훨씬 더 효과가 좋다.

본질을 파악하면 방향이 보인다

고객을 모으는

가장 좋은 방법

콘텐츠를 어떻게 만들지 확신이 서기 시작했다면, 이제 내 콘텐츠를 소비할 사람들을 어떻게 모을지 생각해야 할 때다. 즉, 내 메시지를 필요로 하는 고객을 어떻게 찾을 수 있을까에 대한 부분인데, 이 비밀을 알기 위해서는 다음 5개의 질문에 대한 답을 찾고, 그를 행동으로 옮기면 된다.

질문의 첫 번째는 내 콘텐츠를 구매하기(배우기) 위해 기꺼이 돈을 지불할 고객은 누구인가? 이다. 앞서 나는 타깃층을 어떻게 설정할지가 성공 여부를 가르는 중요한 열쇠라고 강조해왔다. 연령층, 직업, 성별, 가치관 등 내 콘텐츠를 소비할 사람을 구체적으로 그리는 일이 필요하다. 어떤 직군에서 종사하는지, 어떤 고민을 품고 있는지, 어떤 목표를 가지고 있는지, 어떤 미래를 꿈꾸고 있는지 등 내가 기획한 콘텐츠를 원하는 사람들의 상을 꼼꼼하게 분석하고 그려보자. 막연히 생각만 하는 것보다 콘텐츠를 어떻게 만들어야 할지 구체적인 방향이 보일 것이다.

두 번째는 어떤 채널을 운영하고 어떤 콘텐츠를 제작할 것인가? 이다. 나는 인스타그램, 온라인 카페, 브런치 등 다양한 SNS 채널을 활용하는데, 채널마다 업로드하는 콘텐츠의 성격을 다르게 유지하며 관리하고 있다. 온라인 카페나 블로그에는 동기부여에 집중할 수 있는 긴 분량의 글을 집중적으로 올린다. 본인의 진로를 찾지 못하고 방황하거나 본인의 일에서 더 나은 수익을 올리기 위해 고민 중인 2030 직장인들이 찾아오도록 유도한다.

반면 인스타그램이나 브런치에는 감성적인 문장을 올린다. 일상생활 속에서 문득 찾아오는 감정이나 깨달음을 담은 짧은 글을 올리는데, 힐링이나 위로의 말이 필요한 사람들이 자주 찾는다. SNS 채널에 따라 고객층이 다르기에 이처럼 글 쓰는 형식과 소재들을 달리하여 운영한다. 다중채널을 관리하면 그에 따라 에너지도 많이 소비되지만, 도움을 줄 수 있는 고객층이 확장된다는 장점도 있기 때문이다.

또한 고객은 콘텐츠를 읽기, 보기, 듣기, 경험하기의 형태로 소비하는데, 핵심 타깃층이 어떤 유형의 콘텐츠를 더 선호하는지, 주제에 따라 무엇이 더 적합할지도 고려해야 한다. 책을 소개해주는 콘텐츠를 만든다고 가정했을 때, 영상으로 풀어낼 것인지, 책을 쓸 것인지, 아니면 팟캐스트로 제작할 것인지 등을 고민해야 한다. 이때는 시장분석을 통해 비슷한 소재의 콘텐츠가 어떤 유형을 보이는지, 평균 노출도는 어느 정도인지, 고객의 리뷰 등을 확인한다.

세 번째는 나는 내 콘텐츠를 어떤 그릇에 담고 싶은가? 이다. 앞서 타깃층이 선호하는 채널이나 콘텐츠를 생각해보라고 했는데, 콘텐츠 제작자인 내가 어떤 방식을 선호하는지 고려하는 것도 굉장히 중요하다. 얼굴을 드러내는 유튜브 채널이 인기를 얻고 있다고 해서 프라이버시에 극도로 민감한데도 불구하고 얼굴을 드러냈지만, 그 영상에 익명성을 빙자한 악플이 달려 마음의 상처를 입는다면 안 하느니만 못한 상황이 될 수도 있다.

나는 사람들을 소수로 만나서 깊은 해결책을 주는 게 좋다, 나는 다수의 사람 앞에서 내가 준비한 강의안을 일방향적으로 얘기하는 게 좋다, 나는 스마트 스토어를 운영하며 고객들을 굳이 만나지 않고 물건을 판매하는 게 좋다 라는 식으로 본인의 선호 방식을 알아야 한다.

타깃층이 좋아하는 형태의 콘텐츠를 제작할 수 있는 능력이 있고, 그에 따른 반응이 좋게 나온다하더라도 만약 콘텐츠를 만드는 일이 힘들고 어렵게 느껴지면, 자신의 강점과 매력을 부각시킬 수 없게 된다. 콘텐츠로 승부를 보고 싶다면, 자신의 특성도 잘 활용해야 한다.

네 번째는 내 콘텐츠가 필요한 고객은 어디에서 정보를 얻는가? 이다. 많은 사람들이 간과하고 있지만 정말 중요한 질문 중 하나다. 마케팅과 세일즈를 어떻게 효율적으로 할 수 있을지와 긴밀히 연결되어 있는 질문이기 때문이다. 예를 들어, 여러분이 아기 용품 사업을 한다고 가정하자. 그럴 때 단순히 타깃층의 연령과 그들의 특성을 연구할 뿐 아니라, 주로 어떤 카페와 커뮤니티에서 활동하고 정보를 구하는지 파악해야 한다. 아이의 부모라면 맘카페에서 필요한 정보를 문의할 수 있다. 그렇다면 선물용으로 아기 용품을 찾는 사람들은 어디를 검색해서 정보를 찾을까?

연령층과 구매할 사람을 파악했어도, 그들이 자주 찾지 않는 곳에서 홍보하고 있다면 효과가 확연히 떨어질 수밖에 없다. 그러니 고객이 어떤 커뮤니티나 카페에 속해 활동하고 정보를 찾는지 반드시 알아야 한다.

마지막 다섯 번째는 내 콘텐츠를 통해 고객이 성취하고자 하는 것은 무엇인가? 이다. 고객의 목표가 무엇인지 안다면, 내가 만든 콘텐츠를 세일즈하기가 굉장히 편해진다. 그들의 성취욕을 채워줄 수 있는 것을 맞춤형으로 제작하면 되기 때문이다. 누군가는 내 콘텐츠를 통해 지식을 쌓고 싶어 하고, 누군가는 지친 마음을 위로받고 싶어 하고, 누군가는 취업에 도움이 될 정보를 얻고 싶어 할 것이다. 잊지 말자. 고객이 내 콘텐츠로 무엇을 성취하려고 하는지 파악할수록 더 많은 고객이 모일 수밖에 없다.

독창적인 아이디어를
내는 1%들만의 비밀

콘텐츠를 만드는 일을 하다 보면, 반드시 부딪치는 벽이 있다. 바로 '참신한 아이디어를 어디서 얻을까?' 라는 고민이다. 아무리 좋아하는 주제를 조사하고 연구하더라도 내 콘텐츠를 소비하는 사람을 끌어모으기 위해서는, 언제나 새로운 소재와 접근이 필요하다. 이때 가장 효과적인 방법이 '당연해 보이는 것에 의문을 품고 질문을 던지는 것'이다. 현재 상태를 무조건적으로 받아들이지 말고, 애초에 왜 그런 상태로 존재하게 되었는지 끊임없이 질문해야 한다. 예를 들면, 마트의 식료품 배열은 왜 이런 식으로 되어 있을까, 불편해 보이는데 왜 이런 방식을 유지하는 걸까, 인스타그램 콘텐츠는 왜 항상 이런 형식이어야 하는 걸까, 새롭게 개선할 여지는 없는 걸까 하고 말이다. 지금 우리가 고민하지 않고 당연하게 받아들이는 것들은 변하지 않는 진리가 아니다. 당시 상황에 맞춰 만들어진 것이고, 사람들의 호응을 얻다 보니 당연해진 것이다. 당연해진 것들에 질문을 던질 때 아이디어가 나오고, 그 아이디어가 세상을 변화시킨다.

그런데 문제는 우리가 질문을 던지는 일에 익숙하지 않다는 데 있다. 학교를 다닐 때도 직장을 다닐 때도 질문을 던진 경험이 현저히 부족하다. 궁금한 것이 생겨도 '지금까지 계속 그래왔으니 나도 따라 하면 되겠지.'하는 생각으로 고민조차 하지 않는 경우가 많다.

2010년 서울에서 열린 G20 정상회의 폐막식에서 버락 오바마 미국 대통령은 한국 기자들에게 질문권을 주겠다고 제안했었다. 하지만 오바마 대통령의 이러한 제안에도 강연장이 조용했다. 어떤 한국 기자도 질문하지 않자 오바마 대통령은 다시 "한국어로 질문하려면 아마도 통역이 필요할 겁니다. 꼭 필요할 겁니다"라며 통역을 써도 좋으니 질문을 해달라고 다시 요청했다. 모두가 멋쩍게 웃을 뿐, 여전히 아무도 질문하지 않았다. 그때 중국 기자가 "실망시켜드려서 죄송하지만, 제가 아시아를 대표해서 질문을 해도 될까요?"라고 물었고, 오바마 대통령은 "공정하게 말해서 저는 한국 기자들에게 질문을 요청했어요"라고 부드럽게 거절 의사를 밝혔다. 하지만, 중국 기자는 포기하지 않고 질문하겠다는 의사를 계속해서 어필했고, 한국 기자들의 계속된 침묵에 오바마 대통령은 체념한 듯한 표정으로 중국 기자의 질문을 받았다. 이와 비슷한 사례는 우리 사회에서 어렵지 않게 찾을 수 있다.

2015년 11월 조선일보 취재팀은 서울의 한 사립대학교 학생 205명을 대상으로 수업 시간에 질문한 적이 있는지를 물었다. 응답한 학생 중 '그렇다'라고 대답한 학생은 31.7%에 그쳤다. 나머지 70%에 가까운 학생들은 강연 중 질문한 적이 없다고 했다. 취재팀은 질문하지 않은 이유에 대해서도 물었는데, 학생들은 궁금한 게 있었지만 여러 이유로 질문을 하지 않았다고 했다. 즉, 용기가 나지 않거나 주변 시선 때문에 망설이고 주저한 것이었다. 내가 던진 질문이 수업 시간에 이미 다뤘던 내용이지는 않았을까, 내가 제대로 잘 이해하지 못했다는 게 다른 사람에게 탄로 나는 건 아닐까 등등 수많은 염려로 입을 다문 것이다.

우리는 적절한 질문, 적절하지 못한 질문에 대해 강박적으로 스스로를 검열하는 데 익숙하다. 머릿속으로 생각하더라도 질문을 하지 않는 습관이 굳혀졌다. 그런데 정답을 얻기 위한 질문만이 좋은 질문일까? 우리는 어느새 누가 듣지 않더라도 자신에게 질문하는 것조차 어색해졌다. 하지만 창의적인 아이디어를 떠올리고 싶다면 이 습관을 깨부숴야 한다. 질문을 하게 되면 내가 무엇이 부족한지가 한눈에 보이고, 답을 찾기 위해 창의적인 아이디어를 발산하게 되기 때문이다. 그렇다면 어떤 질문을 하는 게 좋을까?

세계적인 미래학자 다니엘 핑크의 저서 《파는 것이 인간이다》에는 미하이 칙센트미하이*Mihaly Csikszentmihalyi* 교수의 창의성 실험에 대해 언급한다. 클레어몬트대학교의 칙센트미하이 교수는 미술을 전공하는 4학년 학생 30여 명을 모집해 창의성에 관한 실험을 했다. 그는 학생들을 큰 탁자 두 개가 놓여 있는 작업실로 데려갔다. 한 탁자에는 학교에서 스케치 수업 때 종종 사용하는 27개의 물체가 놓여 있었다.

칙센트미하이 교수는 학생들에게 첫 번째 탁자에서 1~2개의 물체를 골라 두 번째 탁자에 배치하고 정물화를 그리도록 요청했다. 어떤 학생들은 물건들을 살펴보더니 금세 아이디어 윤곽을 잡고 정물화를 그리기 시작했다. 다른 학생들은 그림을 그리는 데 시간이 더 걸렸다. 그들은 더 많은 물건을 들여다보고, 이리저리 돌려보고 다르게 배치해보더니 그림을 그리기 시작했다.

칙센트미하이 교수는 대학생들이 두 그룹으로 자연히 나눠지게 되는 것을 발견했다. 한 그룹은 "어떻게 하면 그림을 더 잘 그릴까?"를 생각하며 문제를 해결하는 데 주력했고, 다른 그룹은 "어떤 그림을 그리면 좋을까?"를 생각하며 문제를 찾는 데 집중했다. 그 후 칙센트미하이 교수는 학생들의 작품을 가지고 작은 전시회를 열어, 미술 전문가로 구성된 심사위원에게 평가를 의뢰했다.

심사위원들은 칙센트미하이 교수가 실험한다는 사실도, 작품의 출처도 전혀 모르는 상태였다. 심사 후 평점을 취합하여 분석하니 칙센트미하이 교수는 문제 해결자보다 문제 발견자들의 작품이 훨씬 더 창의적이라고 평가받았음을 발견했다.

칙센트미하이 교수는 학생들이 졸업한 후에도 어떻게 지내는지를 추적했다. 학생 가운데 절반가량은 미술계를 완전히 떠나 있었고, 나머지 절반은 지금도 미술 분야에서 일하고 있었다. 전문 화가로서 성공을 이룬 이들도 많았는데, 예술가로 성공적인 커리어를 이어가던 이들 중 대부분은 '문제 발견자' 그룹에 속했던 학생들이었다.

지식이나 기술을 갈구하는 '어떻게 그림을 잘 그릴 수 있을까?'라는 질문보다 '어떤 그림을 그릴까?'처럼 정답이 없고 문제를 발견하게 만드는 질문이 창의성을 발현하는 데 더 도움이 됐다는 얘기다.

창의성은 의심과 질문을 먹고 크는 열매와 같다. 정답을 찾는 질문보다 내가 알고 싶어 하는 것을 찾을 수 있는 질문을 하고, 항상 끊임없이 의심하고 다르게 생각하자. 당연한 것을 당연하게 생각하지 않고 항상 '왜'라고 질문하는 습관을 가져야 한다. 질문을 할 줄 모르는 사람의 발전동력은 결국 떨어지기 마련이다. 우리의 인생에서 질문이 꼭 필요한 이유다.

콘텐츠를
차별화하는 방법

　좋아하는 주제를 찾고 콘텐츠를 만들려고 하지만, 이미 자신보다 그 분야에서 훨씬 전문적이고 공신력 있는 사람들이 많아 돈을 벌 수 있을지 걱정이라고 말씀하시는 분들이 있다. 나는 이런 분들에게 콘텐츠를 차별화할 수 있는 몇 가지 방법을 제시하고자 한다. 차별화의 목적은 경쟁자보다 더 나은 고객 가치를 제공해서 더 많은 고객을 확보하는 데 있다. 고객에게 내 콘텐츠가 '다르게' 보이려면 어떻게 해야 할까?

그 첫 번째 방법은, 내 콘텐츠가 다른 사람에게 특별해 보이려면 우선 자주 눈에 띄어야 한다는 것이다. 이를 자이언스 법칙(단순 노출 효과)이라고도 한다. 미국 사회심리학자 로버트 자이언스가 논문으로 발표한 이론으로, 상대방과의 만남을 거듭할수록 호감을 갖는 현상을 의미한다. 로버트 자이언스는 한 대학교 졸업앨범에서 12장의 사진을 임의로 선별해 실험 참가자들에게 사진에 대한 호감도를 측정하게 했다. 사진은 실험 참가자들이 전혀 모르는 사람으로, 1초당 2장 정도의 사진을 보여주었다. 그리고 사진마다 보여주는 횟수를 달리하였다. 어느 사진은 1번 보여 준 반면, 다른 사진은 25번까지 보여주었다.

그 결과, 당연히 많이 보여준 사진일수록 호감도가 높게 나왔다. 특히 25번을 보여준 인물의 호감도는 한 번도 보여주지 않은 사진에 비해 1.5배 이상 높았다. 사람마다 좋아하는 얼굴이 있음에도 불구하고 많이 봤다는 이유만으로도 인물에 대한 호감도가 높아진 것이다.

우리에게 익숙한 또 다른 예도 있다. 1889년 3월 31일, 프랑스 파리에서는 대혁명 100주년을 기념하기 위해 에펠탑을 건립했다. 탑을 세우기 위하여 건립계획과 설계도가 발표되었을 당시, 파리의 시민들은 에펠탑 건립을 결사적으로 반대했다. 파리의 아름다운 풍경과 어울리지 않을뿐더러 경관을 해친다는 것이다.

그러나 세월이 흐른 지금의 에펠탑은 천박한 흉물이 아니라 프랑스인들이 가장 자랑스럽게 여기는 파리의 명물이 됐고, 전 세계 관광객을 끌어들이는 매력적인 랜드마크 역할을 하고 있다. 처음에 시민들은 눈엣가시처럼 싫다는 반응을 보였지만, 눈만 뜨면 시내 한복판에 세워진 장대한 탑을 오랫동안 보다 보니 눈에 익숙해졌고, 그동안 몰랐던 탑의 매력을 발견하게 되며, 점점 더 좋아하게 됐다는 얘기다.

스탠퍼드대학 경영대학원 교수 제프리 페퍼*Jeffrey Pfeffer*는 자신의 저서 《권력의 기술》에서 "'기억 된다'라는 말과 '선택된다'라는 말은 동의어다"라고 했다. 그렇다. 사실 생각도 잘 나지 않는 무언가를 선택의 옵션으로 떠올리기는 쉽지 않다. 선택의 가능성을 높이기 위해서는 누군가의 선택지에 자주 올라야 한다. 즉, 자주 눈에 띄어 누군가의 뇌리에 깊게 각인돼야 한다는 것이다.

내가 만든 콘텐츠를 다른 사람과 차별화할 때도 마찬가지다. SNS에 내 콘텐츠를 공개하기 시작했다면 새로운 무언가가 지속적으로 쌓여가고 있음을 보여줘야 한다. 계속 활성화되어야 사람들이 찾아오고 자주 노출된다. 더욱이 내가 타깃으로 삼은 고객층이 관심 있어 하는 주제와 키워드가 무엇인지 알아내 내 콘텐츠에 반영하는 것도 좋다. 또 어떤 SNS를 더 선호하는지, 어느 시간대에 자주 이용하는지를 확인해 콘텐츠를 업로드하는 것도 중요하다. 명심하자. 자주 눈에 띄어야 기억되고, 선택된다.

두 번째 방법은 내가 전하고자 하는 메세지에 스토리와 감성을 입혀야 한다는 것이다. 고객은 복잡한 존재가 아니다. 경영학계에서는 오래전부터 고객 반응의 계층이 인지 *cognition*, 감성*affect*, 행동*behavior*의 순서를 거친다고 평가해왔다. 상황에 따라 순서가 달라질 수도 있지만, 고객을 사로잡기 위해 반드시 거쳐야 할 단계는 '감성'인 셈이다.

감성 마케팅의 중요한 요소는 사실을 전달할 때 스토리텔링*storytelling*을 어떻게 가미할 것인가다. 예를 들어, '왕이 죽은 후 여왕이 죽었다'라는 사실을 '왕이 죽었고 여왕은 그 슬픔을 이기지 못한 듯 따라 죽었다'로 바꾼다면 어떨까? 단순한 사실보다 스토리텔링 요소가 들어간 메시지가 고객의 상상력과 감성을 더 자극한다.

브랜드 매니지먼트의 대가인 장 노엘 카페레 프랑스 비즈니스 스쿨 인섹*INSEEC* 교수는 고객들이 추구하는 심리적 효용과 감성적 가치를 '꿈'이라고 표현한다. 그에 따르면 상품은 그 자체가 가진 기능으로 고객에게 도움을 줘야 하지만, 나아가 이를 구매하는 고객에게 꿈을 팔아야 한다고 강조한다. 이러한 꿈을 표현하는 좋은 방법이 바로 상품에 스토리를 입히는 것이다. 고객과 커뮤니케이션하며 그 상품에 대한 스토리텔링으로 고객들의 감성을 자극하는 것이 그 상품의 기능이나 효용을 알리는 것보다 중요하다는 얘기다.

현대자동차의 프리미엄 브랜드 제네시스가 펼쳤던 한 감성 마케팅을 살펴보자. 텍사스주 휴스턴에 거주하는 13살 소녀 스테파니의 아버지는 NASA 우주정거장에 근무하는 우주비행사다. 너무 먼 거리에 있는 아버지를 자주 보고 싶어도 만날 수 없었던 스테파니를 위해 현대자동차는 우주정거장에 있는 아빠가 읽을 수 있을 만큼 큰 편지를 쓰기로 결심한다.

미국 네바다 주의 드넓은 사막 위로 11대의 제네시스가 천천히 달리면서 타이어 바퀴 자국으로 스펠링을 하나하나 새기기 시작했다. 바로 '스테프 러브 유*Steph ♡ You!*'라는, 스테파니가 아빠에게 전하는 짧은 편지였다.

실제로 이 편지는 스테파니의 아빠에게 성공적으로 전달됐다. 아빠가 탄 우주정거장이 그 위를 가로질렀고, 그는 휴대하고 있는 카메라로 딸의 편지를 촬영해 잘 받았음을 알려왔다. 한 소녀의 간절한 소망과 현대자동차가 만나 믿을 수 없는 일이 실현된 것이다. 광고의 마지막 장면에는 우주에서 딸의 편지를 보고 환하게 웃는 아버지의 얼굴에 제네시스 로고가 자연스레 삽입된다.

이는 '새로운 생각과 새로운 가치'를 추구하는 현대자동차의 브랜드 방향성을 담은 캠페인으로 "자동차는 인생의 소중한 사람들을 가깝게 연결해주는 제품"이라는 현대자동차의 메시지를 감동적으로 담아내고 있다. 고객과 함께하는 '삶의 동반자'라는 현대자동차의 브랜드 이미지가 고객에게 잘 전달되었고, 해당 영상은 2022년 기준 약 7천 2백만의 조회수를 기록할 정도로 많은 관심을 받았다.

이렇게 만든 제네시스의 바퀴 궤적은 2015년 세계에서 가장 큰 타이어 자국*The largest tire track image*으로 기네스북에

등재되기도 했다. 이는 후륜구동인 제네시스의 기술적 우수성을 알리는 계기도 되었다.

생각해보면, 이 책 또한 하나의 스토리텔링을 통해 당신에게 접근했다. '좋아하는 일을 하며 수익을 내는 법'이라는 핵심 메시지를 더 효과적으로 전하기 위해 나는 직업군인에서 작가를 꿈꾸게 된 계기와 경험을 이야기로 풀어냈다. 자신이 가진 무언가로 사람들을 공감시키고 감동시키는 데 스토리만한 것이 없다. 특히 자신의 경험처럼 '진실성'이 들어간 스토리는 다른 사람과 차별화되는 '무기'라고 할 수 있다.

본질을 파악하면
방향이 보인다

'퇴사를 해야 할까요, 참아야 할까요?' '돈을 많이 벌기 위해서는 어떻게 해야 하죠?' 사람들을 만나다 보면 흔히 듣는 질문이다. 나는 답을 주는 대신 그들에게 이런 질문에 답해보라고 먼저 얘기한다.

'나는 누구인가?'

'나는 왜 존재하는가?'

'내 삶의 의미는 무엇인가?'

'나는 무엇으로 행복을 찾는가?'

'나는 남들보다 무엇을 더 잘할 수 있는가?'

모두 본질을 묻는 질문이다. 본래부터 가지고 있는 사물 자체의 성질이나 모습에 대한 질문인 것이다. 우리는 형식을 중요시하면서도, 본질을 알아가는 것에 대해 대수롭지 않게 여기거나 회피한다. 추상적인 문제이기에 현실과 관련 없고, '꿈보단 해몽인 것 아니냐'며 으쓱거리곤 한다. 그런데 본질에 대한 답을 찾으면 의외로 지금 하고 있는 고민이 자연적으로 해결된다. 자신의 개성과 특성, 역량을 알게 되고, 스스로 고정관념에 갇혀 있다는 사실도 너무 쉽게 깨닫게 된다.

나 또한 위 문제의 답을 찾기 위해 고심했고, 그 답을 나침판 삼아 지금에 이르렀다. 불편한 질문이지만, 분명한 건 본질을 아는 것은 우리를 성장하게 만들고, 자신이 누구인지 스스로 규정하도록 이끈다.

하루는 작은 회사를 운영하는 분이 나를 찾아왔다. 좋아해서 회사를 운영하게 됐는데 생각보다 매출이 잘 나오지 않아서 고민이라고 했다. 나는 그에게 회사에 대해 간략하게 소개해달라고 부탁한 후, 이런 질문을 던졌다.

'회사를 왜 만드셨나요?'

'회사가 왜 존재해야 하나요?'

본질을 파악하면 방향이 보인다

'비슷한 브랜드가 많은데 이 브랜드가 왜 존재해야 하나
요?'

'브랜드의 특징이 잘 드러나게 한 문장으로 말해주실 수
있나요?

'만약 브랜드에 별명을 붙인다면 뭐라고 부르면 좋을까
요?'

그는 당황해하며, 그냥 좋아하다 보니 만들었다고 얘기
했다. 나는 단순히 좋아하는 것만으로는 충분하지 않다, 그
본질을 파고들어 회사의 의미와 존재가치를 만드는 게 중요
하다고 대답했다. 그래야 회사만의 진정한 개성이 무엇인지
규정할 수 있다고 했다. 나는 그에게 김치냉장고 딤채의 이
야기를 조심스레 건넸다.

딤채는 '위니아만도'라는 회사가 8년 동안 사활을 걸고
개발한 제품이다. 그런데 2002년이 되자 한창 잘나가던 딤
채에 시련이 찾아왔다. 삼성, LG, 대우 같은 대기업에서 김치
냉장고 시장에 본격적으로 뛰어든 것이다. 독점하다시피 한
시장 판도가 흔들리며 위니아만도는 정면으로 위기를 맞게
되었다. 그때 그들은 이용찬이라는 마케터에게 SOS 요청을

했다. 이용찬 마케터가 오리엔테이션을 하며 받은 과제는 다음과 같았다.

"딤채는 김치냉장고의 원조입니다. 대기업이 김치냉장고 시장에 뛰어들어 우리를 위협하고 있으니, 그들의 추격을 물리치고 딤채가 김치냉장고 시장에서 확고한 1등이 될 수 있는 전략을 제안해주십시오."

여러분이 이 과제를 받았다고 생각해보자. 제일 먼저 할 일은 위니아만도의 관점에서부터 문제를 살펴봐야 할 것이다. 그들이 어떤 관점으로 자신의 회사를 바라보고 현 상황을 파악하고 있는지 확인이 필요했다. 잘못된 관점으로 문제를 바라보고 있으면 계속해서 엉뚱한 해결책이 나올 수밖에 없으니 말이다. 물론 이 과제에 정답은 없다.

이용찬 마케터가 본 위니아만도의 관점은 이랬다.

"우리는 8년 동안 각고의 노력으로 지금의 혁신적인 김치냉장고를 개발했으니 우리가 김치냉장고의 원조입니다. 그러니 우리는 그에 합당한 시장 지위를 가져야 합니다."

그런데 소비자의 관점은 어떠했을까? 수많은 김치냉장고 중에서 왜 하필 딤채를 사야 하는지를 납득해야 하는데, 그 답이 "원조니까!"라면 수긍할 수 있을까? 이용찬 마케터는

'우리가 김치냉장고를 최초로 개발한 원조!'라는 사실은 직원의 자부심이나 애사심, 충성심을 키우는 데 매우 요긴하게 사용할 수 있지만, 딤채를 구매하는 소비자에게는 매력적이지도, 구매에 결정적인 요소가 되지 않을 수 있다고 말했다.

"소비자가 원조를 그렇게 중요하게 생각한다면, 왜 삼보컴퓨터를 사지 않고 삼성과 LG의 컴퓨터를 사겠습니까? 삼보컴퓨터가 PC의 원조인데요. 만약 제가 삼성 김치냉장고를 담당하고 있는 마케터이거나 사업본부장이라면 이런 광고를 내보내겠습니다."

'여러분, 김치냉장고의 원조가 무엇입니까? 냉장고입니다. 냉장고 만드는 기술로 김치냉장고를 만듭니다. 그래서 김치냉장고도 냉장고를 잘 만드는 삼성이 역시 잘 만듭니다. 김치냉장고. 삼성이 만들면 다릅니다.'

프레젠테이션을 듣던 위니아만도 임직원들은 거의 패닉 상태에 빠졌다. 생각을 바꿔보니 이용찬 마케터의 말이 맞았고, 그렇다고 손 놓고 매출이 떨어지는 것을 보고만 있을 수는 없었다. 그때 이용찬 마케터는 묘안을 제시했다. 누가 원조냐는 이슈를 놓고 대기업과 싸워봤자 승산이 없으니, 딤채의 존재 이유를 새롭게 정의해야 한다고 했다. 그리하여 나온 것이 바로 '딤채는 발효과학입니다'였다.

'1등' '원조' 등 그동안 답습해온 마케팅 접근법에 집착하고 갇혀 있다 보니, 정작 제품의 본질을 꿰뚫어 보지 못한 것이다. 외부에서 영입된 이용찬 마케터는 오히려 '외부자'였기 때문에 고정관념을 타파하고 제품의 본질에 접근했고, 새롭게 제품의 특징을 규정하고자 했다. 그리고 그 시도가 제대로 먹힌 것이었다.

좋아하는 일을 하든, 콘텐츠를 만들든 내가 하는 일의 본질을 파악하는 것이 중요하다. 그 과정이 있어야 고유의 특성과 차별화할 요소를 파악할 수 있기 때문이다. 그러니 본질에 대해 끊임없이 질문하라. '그것은(나는) 무엇인가? 그것은(나는) 왜 존재하는가?' 하고 말이다. 그리고 가능하다면 내가 만들었거나 앞으로 만들 콘텐츠가 무엇인지 남들에게 소개하는 상황에 대비해 임팩트 있고 짧은 한 문장으로 콘텐츠의 핵심을 요약하는 습관을 가져보자. 가능하다면 별명을 붙여보는 것도 좋다.

SBS 8시 뉴스 ⇒ 1시간 빠른 뉴스

다시다 ⇒ 고향의 맛

본질을 파악하면 방향이 보인다

오리온 초코파이 ⇒ 정

예감 ⇒ 튀기지 않은 감자칩

지크XQ ⇒ 차값이 얼만데

삼보컴퓨터 ⇒ 바꿔주는 컴퓨터

예시 출처 : 이용찬 저서《노자 마케팅》

일생에 단 한번은 독기를 품어라

Chapter 3

삶이 계속 달라지지 않는다는
당신에게

─────── 덕'業'一致 ───────

'덕'을 '업'으로 만드는 일은 절대 쉽지 않다. 이번 장에서는 좋아하는 일을 하기 위해
분투하는 사람들의 다양한 문제들을 살펴보고, 극복 방안을 함께 들여다볼 것이다.
앞서 덕업일치 라이프를 실천하는 사람들의 경험을 통해 여러분의 시행착오를 줄일
수 있을 것이다.

동기부여가
잘되지 않는다면

"회사를 그만두고 싶어요. 지금 이 일을 하면서 살아가는 3년, 5년 후의 내 모습이 그려지지 않아요. 그렇다고 선뜻 회사를 과감히 박차고 나올 수도 없죠. 아무것도 하지 않은 채 시간만 속절없이 가는 것도 답답하고요. 지금의 나를 너무도 바꾸고 싶지만, 한편으로 그럴 용기가 나지 않아요. 저는 어떡해야 할까요?"

나를 찾아온 사람들과 얘기를 하다 보면 자신의 선택에 확신을 갖지 못하고 두려워하는 경우가 대부분이다. 지금까지 큰 문제 없이 살아왔기에 새로운 도전을 한다는 게 마냥 쉽지만은 않은 것이다. 사실 두려워하는 건 당연한 일이다. 지금 당장 문제가 없어 보이기 때문에, 보이지 않는 미래를 향해 달려간다는 것이 무모해 보일 수 있다. 하지만 나는 이렇게 고민하는 사람들에게 우선 두 가지를 찾아야 한다고 말한다. '나를 지지할 사람'과 마음속 '절박함을 부르는 스위치'를 찾으라고 말이다.

나를 지지할 사람을 찾아라

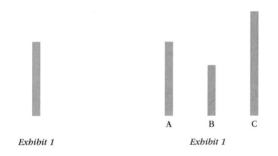

Exhibit 1   *Exhibit 1*

1951년 폴란드계 미국인 심리학자 솔로몬 애쉬*Solomon Eliot*는 흥미로운 실험을 진행했다. 우선 네 개의 선이 그려진 다음 이미지를 살펴보라. 좌측 중앙에 자리 잡은 하나의 선과 우측에 나란히 그려진 세 개의 선 A, B, C가 보일 것이다. 여러분은 A, B, C 중 좌측의 선과 길이가 가장 비슷해 보이는 선이 무엇이라고 생각하는가? 주변에 친구들이 있다면 함께 그림을 보고 답해보라. 아마 모두 A를 선택할 것이다. 그런데 여기서 솔로몬 애쉬는 하나의 장치를 심어놓았다.

분명히 A가 좌측의 선과 길이가 같지만, 애쉬는 실험에 참여한 한 그룹에게 이 그림을 보여주며 한 사람을 공모자로 삼아 B라고 답하도록 요청했고, 그룹에서 제일 처음 말하도록 했다. 첫 번째로 대답한 사람이 B라고 대답하자 어떻게 됐을까?

A가 좌측의 선과 길이가 같다는 사실을 인지한 사람들 중 3분의 1 이상(37%)이 B라고 말한 사람을 따라 'B'라고 대답했다. 개인을 분리한 후 혼자 이 실험을 받게 하면 대답이 틀리는 경우는 거의 없었다. 즉, 정답을 알면서도 다른 사람들과 다르게 말하면 눈총을 받을까 봐 틀린 답을 선택한 경우가 많은 것이다.

우리는 혼자 다른 생각을 하거나 다른 견해를 지녔다는 것에 쉽게 불안해한다. 내가 확신하고 마음먹었던 행동일지라도 누군가 반대하면 스스로를 의심하고 검열하기 일쑤다.

그리고 자신의 선택에 불편함을 느끼고, 행여나 웃음거리가 되지 않을까 걱정한다. 물론 나와 생각이 다른 사람들의 의견을 존중하고 그 의견이 내 기준에서 타당하다면 분명 참고할 필요는 있다. 하지만 내 인생을 바꾸는 건 결국 나 자신이다. 꼼꼼히 계획을 세웠고 이 일을 통해 내가 행복해질 수 있고 더 나아질 수 있다는 가능성이 있다고 확신한다면 자신감을 가져라. 그리고 그 결정을 지지해주고 응원해주는 사람들과 이야기를 나눠볼 것을 권한다.

미래에 대한 문제에는 정답이 없다. 1+1은 2라는 정답이 있지만, 내 미래의 정답은 1. 직장인 2. 사업가라는 식으로 정할 수도 없고, 정해도 그렇게 흘러가지 않을 수도 있다. 그렇기에 본인의 선택을 믿고 이미 그 선택으로 인해 만족스러운 삶을 누리는 사람들, 그 안에서 의미를 찾고 있는 사람들을 찾아 본인의 선택에 확신을 갖는 과정이 필요하다.

절박함은 어디에서 오는 것일까?

어떤 일을 시작했을 때 그 일이 성공으로 끝날지 실패로 끝날지는 '절박함'에 달려 있다고 해도 과언이 아니다. 절박함이 있다면 어떻게 해서든 목표를 달성하기 위한 길을 찾으려 할 것이고, 설령 실패로 끝나더라도 그 과정에서 얻은 경험들이 다음에 성공할 확률을 월등히 높여준다.

회사를 그만둘지 아니면 계속 다녀야 할지, 이 문제에 대한 정답은 사실 자신만이 내릴 수 있다. 지금 누리고 있는 안락하고 편안한 상황을 유지하기 위한 마음과 싸울 수 있는 건 자신뿐이기 때문이다. 그렇다면 성공의 절대적 요소인 이 '절박함'은 어디에서 오는 걸까?

2011년 미국의 제약회사 머크의 CEO로 선출된 케네스 프레이저는 회사의 경영진이 혁신과 변화를 적극적으로 주도할 수 있게 하나의 아이디어를 낸다. 그는 머크의 경영진에게 "머크를 망하게 만들만한 아이디어를 찾아라"라고 지시한다.

두 시간 남짓 경영진들은 자신이 속한 회사를 망하게 만들 경쟁사의 약품에 대한 아이디어를 찾아냈고, 다른 핵심적인 시장을 공략할 전략도 꺼냈다. 그렇게 그들이 열심히 머리를 짜내자 프레이저는 다시 그들에게 이렇게 말한다. "지금까지 생각해냈던 아이디어들을 방어할 방법을 찾아라" 경영진은 이제껏 이득이 될 것이라 생각했던 문제들을 '손실'로 규정하면서 다시 생각하기 시작했다. 경쟁사의 입장에서 이득이 될 수 있는 모든 아이디어들이 바꿔 말하면 머크에게는 치명적인 손해를 끼칠 수 있기 때문이다.

그동안 '혁신과 이득, 기회'를 논할 때 경영진들은 굳이 위험을 감수하려 하지 않았었다. 그들은 이미 성공했고, 높은 월급과 남부럽지 않은 대우를 받고 있었다. 그렇기에 그들에게 더 높은 이득을 내야 하는 상황은 절박함을 가져다주지 않았다. 하지만 그들이 생각해낸 아이디어들, 즉 회사의 자리를 위협할지도 모르는 아이디어들을 방어해야 한다는 위기감이 형성되자 그들은 절박함을 느끼며, 문제를 전혀 다른 각도로 보기 시작했다. 위기 속에서 혁신이 필요하다는 사실이 명확하게 와닿은 것이다.

행동을 바꾸지 않으면 겪게 되는 손실을 강조함으로써 사람들은 위험을 무릅쓸 용기를 얻을 수 있다. 현재 상태에서 어떤 것이 잘못되었는지 스스로가 직접 인식하고 안정감이라는 감정을 불안감으로 치환해야 한다. 이는 미래를 고민하는 우리에게도 한 번쯤 생각해볼 요소다.

우리가 선택을 두려워하는 이유는, 우리가 지금 갖고 있는 것들을 잃고 싶지 않기 때문이다. 현재의 것에 익숙하고 안정된 상태이기 때문에 결정을 내려야 할 때, 그 선택을 밀어붙일 절박함이나 용기를 내기 쉽지 않은 것이다. 더욱이 앞서 말한 동조효과로 인해 다른 사람들이 "너 지금도 잘 살고 있잖아. 왜 굳이 어려운 선택을 하려고 그래?"라고 얘기하면, 자신의 선택을 뚝심 있게 밀어붙일 용기와 동기는 더더욱 사그라든다.

이번에는 여러분이 진짜 머크의 경영자가 되었다고 생각해봐야 할 때다. 새로운 도전을 할 때, 잃게 되는 것들이 떠오를 것이다. 안정된 수입과 직장생활, 혹은 남들과 비슷하게 생활하고 있다는 데서 오는 편안함. 그런데 이미 마음속으로 이 삶을 지속할 수 있을까에 대한 불안감을 느끼고 무기력해하고 있는데, 그 상황이 앞으로 계속 유지되고 변화하지 않는다면 어떻게 될까?

변하지 않으면 잃게 되는 것을 생각해서 구체화시켜보길 바란다. 그것들을 겪어보지 못하고 놓칠 수 있는 삶에 대한 절박감과 간절함이 생길 것이다. 과거를 돌아보는 대신 앞으로 해야 할 일들을 찾으며, 미래를 향해서 서 있기를 바란다. 내 인생에서 가장 잃고 싶은 것을 알게 된다면, 지금보다 훨씬 더 간절해질 것이고, 미래에 그런 일이 일어나지 않기 위해 훨씬 더 적극적으로 삶에 임할 것이다.

왜 매일 피곤하고
무력해지는 걸까?

"출근할 때 항상 무기력하고 피곤하고 졸립니다. 주변에 자신감이 넘치는 사람들을 보면 어떻게 저렇게 에너지가 넘치고 긍정적일 수 있는지 궁금해요. 저도 그 사람들처럼 되고 싶은데, 스스로에 대한 자신감이 없어요. 어떻게 해야 할까요?"

스스로에 대한 자신감이 없고, 매사에 무기력한 게 고민이라고 얘기하시는 분들이 많다. 그리고 그걸 극복하고 싶은데 어떻게 극복해야 할지 모르겠다, 자신이 없다고 하며 해결 방법을 문의한다. 그런데 그 전에 짚고 넘어가야 할 질문이 있다. '우리는 왜 항상 무기력하고 피곤한 걸까? 그 원인은 무엇이고, 어떤 식으로 접근해서 해결해야 할까?' 이 질문에 답하기 위해 흥미로운 연구를 함께 살펴보고자 한다.

우선, 이것은 나 혼자만의 문제가 아니다. 직장생활 무기력 증후군은 거의 모두가 경험하는 문제다. 취업 포털 사이트 잡코리아가 직장인 526명을 대상으로 업무에 대한 의욕을 잃거나 회의감을 느끼는 '직장생활 무기력 증후군'에 대해 조사한 적이 있는데, 설문에 참여한 직장인 중 무려 90.3%가 '그런 적이 있다'라고 응답했다. 그리고 직장생활 무기력 증후군을 경험한 적이 있다고 응답한 직장인 475명을 대상으로 그 증상을 조사한 결과, '일에 대한 의욕이 떨어지는 등 만사가 귀찮다'라는 응답이 34%로 가장 많았다. 뿐만 아니라 블라인드에서 상위 30개 회사의 한국 직장인 5,419명을 대상으로 실시한 소진 증후군*burn out*에 관한 설문에서도 89.6%의 직장인이 '경험한 적이 있다'라고 답했다.

이러한 무기력함으로 인해 겪는 증상이 바로 극도의 피로감이고 또 업무성 저하, 수면 장애, 우울증 등이다. 이런 증상은 삶에 대한 의지를 사그라들게 만들어 어떤 걸 해야 할지 몰라 더 무기력해지는 악순환에 빠지게끔 만들며, 행복한 일도, 내가 좋아하는 일을 찾을 의지도 꺾이게 한다. 그렇다면 이러한 무기력은 왜 생기는 걸까?

미국의 심리학자 마틴 셀리그만은 1967년 펜실베니아 대학교에서 우울증에 대한 관심을 넓혀 무기력에 대한 실험을 그의 동료 스티브 마이어와 함께 시행했다. 실험은 이렇다. 우리 안에 개를 가두고 무작위로 예고 없이 5초 동안 전기 충격을 가한다. A그룹은 전기 충격을 받지만, 코로 어떤 버튼을 누르면 전기 충격이 꺼지도록 했다. B그룹은 상자 속에 버튼이 없어 어떻게 해도 전기 충격을 막을 수 없었다.

셀리그만 팀은 24시간 이후 개들을 다른 상자에 옮겨 놓고 다시 전기 충격을 줬다. 상자 중앙에 있는 나지막한 담을 넘으면 쉽게 전기 충격을 피할 수 있었다. 그러자 A그룹은 담을 넘어 탈출했지만, B그룹은 담을 넘을 행동을 보이지도 않은 채 전기 충격을 그대로 받아들이고 있었다. 자신이 뭘 해도 상황을 극복할 수 없다는 무기력이 학습된 것이었다.

아무 것도 하지 못하고 전기 충격을 받아들인 개들은 왜 그렇게 됐을까? 물론 B그룹의 강아지들도 처음에는 전기 충격을 벗어나기 위해 이런 저런 시도를 했을 것이다. 그러나 전기 충격을 지속적으로 받는 동안 어떤 행동을 하더라도 상황이 바뀌지 않는다는 것을 뼈저리게 느꼈고, 그것을 인지한 순간 미래에 대한 기대를 접게 된 것이다.

셀리그만 박사는 개를 대상으로 한 실험으로 얻어진 이러한 결과가 인간의 삶에서도 적용될 수 있는지를 살펴봤다. 그들은 피험자를 세 집단으로 나누고 첫 번째 집단은 실험과정에서 귀에 거슬리는 소음을 듣게 됐을 때, 책상 위의 버튼을 누르는 것을 통해 소음을 중단시키는 것이 가능하게 했다. 두 번째 집단은 소음을 듣게 됐을 때, 아무리 버튼을 조작하더라도 결코 소음이 중단되지 않도록 설계했다. 세 번째 집단은 소음을 전혀 듣지 않았다.

그리고 나서 셀리그만 박사는 세 집단 모두를 실험실로 데리고 가서 소음이 들려올 때 소음을 중단시키기 위해 버튼을 누르라고 알려줬다. 첫 번째 집단과 세 번째 집단은 소음을 듣자마자 버튼을 누름으로써 소음을 중단시켰다. 하지만 두 번째 집단의 피험자 중 약 3분의 2 정도가 소음이 들려와도 아무런 조작을 하지 않은 채 무기력한 모습을 나타냈다.

이러한 결과를 통해 셀리그만은 '학습된 무력감'이라는

일생에 단 한번은 독기를 품어라

개념이 동물에게만 적용할 수 있는 것이 아니라, 인간에게도 마찬가지로 유효한 이론이라는 점을 확인할 수 있었다.

샐리그만 박사의 이 실험은 우리에게 많은 시사점을 던진다. 학습된 무기력으로 상황을 타개하려는 노력을 하지 않는 개와 사람의 모습. 반복되고 달라지지 않는 일상에 지쳐 무기력하게 출근하며 일하는 모습이 겹쳐 보일 것이다. 하지만 이러한 무기력은 그동안 알게 모르게 우리가 기대를 상실하며 쌓아온 것이기에, 충분히 극복할 수 있고 바꿀 수 있다.

나는 무기력을 타파할 수 있는 가장 좋은 방법으로 '작은 성취를 맛보는 법'을 전하고 싶다. 우리는 어떤 목표를 달성했을 때 성취감을 맛보고, 포기하지 않고 나아갈 수 있는 원동력을 갖게 된다. '할 수 있다'라는 자신감과 미래에 대한 희망이 생기기 때문이다. 여기서 강조하고 싶은 포인트는 '목표 달성'이 아니라 '작은 목표'라는 데 있다. 예를 들어 부동산 투자를 공부하기로 결심했다고 가정하자. 그렇다면 하루에 30분씩 유튜브로 관련 영상을 보며 공부하기로 정하고, 출퇴근 시간 틈틈이 실천한다고 하자. 매일 이 약속을 지켰다면 작은 성취를 이뤄낸 자신을 칭찬하고 내일도 할 수 있다고 응원해주는 것이다.

글로벌 기업의 컨설팅 자문을 담당해온 로버트 트위거는 자신의 저서 《작은 몰입》에서 "작은 일에 목숨을 걸 필요가 있다. 사소한 일의 성취가 때론 삶의 원동력이 된다. 작은 성취라도 반복하다 보면 삶의 만족도는 높아지기 마련이다"라고 얘기한다. 특히 그는 행복을 위해 '마이크로 마스터micro-master'가 되라고 강조한다. 작은 일에 몰두해 얕더라도 다양한 지식과 기술을 많이 쌓으라는 것이다. 한 가지 시선으로 세상을 바라보면 모든 것의 의미가 편향되고 축소된다. 즉, 넓고 얕게 다양한 일을 시도해보고 성취해야 타인에게 쏟는 관심도 커지고 세상도 넓게 볼 수 있다는 의미다.

작은 꿈들을 이뤄야 큰 꿈도 이룰 수 있고, 작은 성취들을 달성해야, 그 경험들이 결국 큰 성취를 위한 토대가 된다. 지속적으로 작은 몰입과 성취를 맛본 사람에게는 무슨 일이든 적극적으로 해내는 의욕과 끈기가 생긴다는 깨달음을 얻을 수 있다.

두 번째로, 내가 하는 일에 의미를 부여하는 일이 필요하다. 사회과학자 스튜어드 번더슨과 제프리 톰프슨에 따르면,

동물원 사육사들은 유달리 목적의식이 강하다고 한다. 그들은 대개 사육사라는 직업을 자신의 천직이라고 생각하는 경향이 크다. 그들은 자신의 직업을 동물과 교감하고 동물을 이해하고 돌보는 비상한 능력을 타고난 덕에 아주 어린 시절부터 운명 지어진 일이라 여긴다. 이들은 이 일을 위해서라면, 좋은 보수와 여유로운 시간, 편안한 생활과 높은 지위도 기꺼이 포기한다.

이들이 그렇게 생각할 수 있는 이유는, 자신의 재능을 활용해 우리 안에 갇힌 힘없는 동물들이 더 나은 삶을 살도록 도울 의무가 있다고 믿으며, 그러한 목적을 좇는 삶에서 의미를 발견했기 때문이다.

지저분한 우리를 청소하고, 동물의 대소변을 치우는 일도 그들에게는 중요하다. 더 큰 목적을 이루기 위한 일이기 때문이다. 사회과학자들이 인터뷰한 사육사 중 한 명은 "우리와 사육장 청결 유지는 중요하다. 동물들의 건강에 도움이 되기 때문이다. 우리의 목표는 동물들이 동물원에서 매일 즐겁게 지내는 것이기에, 공간을 깨끗하게 유지해야 한다"라고 얘기했다.

여러분도 자신이 왜 그 일을 하고 있는지 생각해보자. 마

삶이 계속 달라지지 않는다는 당신에게

음속에 의미 부여를 하는 것은 무기력을 극복하는 데 도움이 된다.

세 번째는 이 말을 명심하면서 살아가야 한다. 바로 '내가 하는 일이 세상을 바꾸는 가치 있는 일'이라고 되새기는 것이다. 이것은 여러분의 기분을 좋게 하려는 말이 아니라 사실이다. 저명한 물리학자 리처드 파인만은 2차 세계대전 당시 미국 정부를 위해 비밀리에 특수 프로젝트를 맡아 엔지니어를 이끌었다. 엔지니어들의 주 업무는 지겨운 계산 작업을 수없이 하는 것이었다. 늘 반복되고 기약 없어 보이는 일에 엔지니어들은 지쳐갔고 점차 실수를 남발했다. 파인만은 엔지니어들에게 자신들의 업무가 전체 프로젝트에서 어떤 역할을 담당하고 있는지, 잘못되었을 경우 어떤 영향을 미치는지 설명해야겠다고 판단했다. 즉, 그들의 업무가 얼마나 중요하고 의미 있는지 일깨워줘야 한다고 생각한 것이다.

파인만은 엔지니어들에게 2차 대전을 승리로 이끌 원자폭탄을 개발하는 세계사적인 일을 하고 있다고 이해시켰다. 그러자 신기한 일이 벌어졌다. 그들의 단순하고 반복적인 업무가 폭탄 설계에서 무엇을 담당하고 있는지 전달하고 얼마 지나지 않아 엔지니어들의 실수가 현저히 줄어들더니 생산성이 10배 이상 향상된 것이다. 비록 예시가 전쟁에 관한 것이지만, 이를 통해 자신이 가치 있는 일을 하고 있다고 믿는 것이 얼마나 중요한지 알 수 있다.

마지막으로, 자기 자신에 대한 믿음을 가져야 한다. 원론적인 이야기가 아니라, 아무리 거창한 목표와 거창한 계획이 있다 하더라도 자신에 대한 믿음을 잃어버리면 그 어떤 것도 해낼 수 없다.

스탠퍼드대학교 심리학과 캐럴 드웩 교수는 자신의 저서 《마인드셋》에서 내가 열심히 하면 지능이나 성격도 변할 수 있다고 믿는지, 믿지 않는지에 따라 성장형 사고방식과 고정형 사고방식으로 나뉜다고 얘기한다.

고정형 사고방식은 지능과 성격이 고정된 것이라고 생각하고, 자신이 잘하는 것에만 매달린다. 그래서 실패했을 때 상처를 더 잘 받고 타인의 의견에 민감하며, 어려운 도전을 피하는 경향이 있다. 특히 유용한 피드백을 들어도 자존심 상해하며 자신이 무시받는 건 아닌가 하고 쉽게 비관에 빠지곤 한다.

하지만 성장형 사고방식은 지능과 성격이 변하는 것이라 생각한다. 이들은, 도전이 자신을 성장시키는 초석이라고 믿는다. 그래서 도전을 피하지 않으며 도전을 통해 많은 경험과 정보를 얻을 수 있다고 여긴다. 그리고 비판을 환영한다. 비판으로 자신이 더 나아진다고 믿기 때문이다. 그러다 보니 성공한 누군가를 보면 배울 점을 찾으려고 노력하며, 그 과정에 초점을 맞춘다.

대부분은 주변 사람을 통해 사고방식이 형성된다. 결과나 자신의 존재에 대한 칭찬과 비판을 받으면 고정형 사고방식을 가질 확률이 높고, 과정이나 태도에 대한 칭찬과 비판을 받으면 성장형 사고방식을 가질 확률이 높다고 한다. 다행인 것은 노력을 통해 뇌가 변화할 수 있다는 것이다. 고정형 사고방식일지라도 성장형 사고방식으로 바꿀 수 있다. 특정한 일을 하는 시간이 길어질수록 그 분야를 담당하는 뇌의 신경섬유가 많아지는 해부학적 변화가 초래되는데, 그 결과 그동안 지속적으로 해온 일을 더 잘하게 되기 때문이다. 그리고 이렇게 변한 뇌는 예전 상태로 잘 돌아가지 않는다고 한다. 변화하기 위해 노력하면 충분히 달라질 수 있다는 얘기다.

여러분이 일하는 데 있어 무기력을 느낀다면, 지금 당장 이룰 수 있는 목표를 정하고 작은 성취감을 느낄 기회를 만

일생에 단 한번은 독기를 품어라

들어라. 내가 하는 일에서 의미를 찾고, 자기 자신이 가치 있다고 느낄 수 있는 무언가를 시도해보길 바란다. 바뀔 수 있다고 믿으면, 분명 바뀔 수 있다.

3

비관주의에 빠진 사람들도
성공할 수 있다?

"저는 유독 새로운 일을 도전하거나 새로운 업무를 맡게 되면 시작하기도 전에 최악의 상황이 떠올라요. 이런저런 생각을 하다 결국 지쳐서 완벽하게 할 수 없다면 그냥 일을 포기하는 게 낫겠다고 생각합니다. 이런 제 성격으로 좋아하는 일을 찾을 수 있을까요?"

우리는 살면서 정말 많은 선택의 기로에 놓인다. 선택은 누구에게나 어려운 문제다. 우리가 아는 독창적인 인물들도 겉으로는 확신과 자신감이 넘쳐 보였지만, 우리와 크게 다르지 않다. 속으로는 어떤 결정을 내릴 때마다 많은 감정이 교차하고 과연 그것이 잘 될 수 있을까 회의감을 갖는다. 펜실베이니아 대학교 와튼 스쿨 교수인 애덤 그랜트의 저서 《오리지널스》에 따르면 미국 정부의 뛰어난 지도자들조차 가장 힘든 결단을 내렸을 때를 회상하며, 문제가 복잡해서가 아니라 결단하려면 전에 없던 용기를 내야 해서 힘들었다고 토로했다.

미국 웰즐리대학교 심리학과 줄리 노럼 교수는 자신의 저서 《걱정 많은 사람들이 잘 되는 이유》에서 이런 감정, 즉 불안을 다스리는 두 가지 전략을 제시한다.

첫 번째는 우리가 흔히 잘 알고 있는 전략적 낙관주의이고, 두 번째는 방어적 비관주의다. 전략적 낙관주의자는 항상 최상의 결과를 상상하고, 어떤 것을 할 때 마음을 차분하게 먹고 기대 수준을 높이 설정한다. 반면 방어적 비관주의자는 최악의 결과를 상상하고, 어떤 일을 할 때 불안감을 느끼고 테일 리스크(일어날 확률이 극히 드물지만, 일어났을 때 치명적인 결과를 초래할 수 있는 위험 요소를 뜻하며, 대부분의 전략적 낙관주의자들은 이 부분을 생각하지도 않는다)까지도 상상하고 대비한다.

중요한 회의에서 방어적 비관주의자가 프레젠테이션을 하게 됐을 경우를 예로 들어본다면, 그들은 연설을 망칠 가능성을 굉장히 높게 설정한다. '나는 무대에서 넘어질 거야' '외웠던 대본을 까먹어 무대 위에서 1분 동안 아무 말도 하지 않을 거야. 공간은 적막으로 가득 차겠고, 나는 그 적막의 무거움을 온전히 견뎌야겠지' '마이크가 작동하지 않으면 어떡하지?' 같은 온갖 부정적인 시나리오를 머릿속으로 떠올린다.

많은 사람이 방어적 비관주의보다 전략적 낙관주의가 낫다고 얘기한다. 아직 벌어지지도 않은 일, 그리고 가능성이 높지 않은 일을 그렇게 크게 생각하는 건 일종의 강박에 가깝다고 말한다. 하지만 노럼 교수는 분석적, 언어적, 창의적인 작업에서 방어적 비관주의자는 전략적 낙관주의자보다 불안해하고 자신감도 덜 하지만 성과는 그에 못지않게 달성한다는 사실을 발견했다.

노럼 교수와 동료 학자들은 사람들을 무작위로 세 집단으로 나누고 첫 집단에게는 완벽한 경기를 상상하라고 했고, 두 번째 집단에게는 실패한 경기를 가정하라고 했다. 그리고 마지막 세 번째 집단에게는 마음을 차분하게 진정하라는 요청만 한 뒤, 세 집단에게 다트를 던지게 했다. 이때, 방어적 비관주의자들은 긍정적인 결과를 상상하거나 마음을 진정시켰을 때보다 부정적인 결과를 상상했을 때 다트를 30퍼센트 더 정확하게 던졌다. 또 다른 실험에서 방어적 비관주의자에게 집중력과 정확도가 요구되는 그림 베끼기를 하도록 요청하고 잘할 것이라고 격려했더니, 격려를 받지 않았을 때보다 정확도가 29퍼센트 떨어졌다. (오히려 똑같은 격려의 말을 들은 전략적 낙관주의자의 정확도는 14퍼센트 증가했다.) 방어적 비관주의는 일종의 전략이 될 수도 있다는 얘기다.

'비관주의'도 강력한 동기가 될 수 있다

우리는 흔히 "긍정적으로 생각하라"는 충고를 듣지만, 이 충고가 반드시 모두에게 적용되는 것은 아니다. 이런 충고는 마치 여자는 235mm, 남자는 270mm가 일반적이니, 너도 거기에 발을 맞춰야 한다고 강요하는 것과 다름없다. 모두가 같은 사이즈의 신발을 신을 수 없다. 각자의 체형이 다르기 때문에 각자의 발 사이즈에 맞춰서 신발을 신어야 한다. 성격과 성향도 마찬가지다. 같은 상황에서도 그 문제를 받아들이고 이해하는 방식이 전혀 다르기 때문에 누군가에게 무조건적으로 긍정적 사고와 낙관적인 태도를 강요할 수는 없다.

물론 방어적 비관주의와 단순한 비관주의는 엄연히 다르다. 예를 한 번 들어보자. 자신은 절대 TOEIC 750점 이상의 점수를 맞지 못할 것이라고 생각하는 사람들은 학원을 알아보지도 않고, 공부도 하지 않은 채, 오직 걱정만 한다. 그 결과는 당연히 예상한 대로 시험에서 원하는 성적을 얻지 못한다. 이런 단순한 비관주의자를 비판하는 낙관주의자의 이론에는 일리가 있다. '무력하고, 절망에 빠져 있고, 의욕이 없다.' 하지만, 방어적 비관주의는 일이 잘못될 가능성을 예상하는 데 시간과 노력을 기울이고, 최악의 결과를 예상하면서도 그런 결과를 막기 위해 적극적인 노력을 한다는 점에서 단순한 비관주의와는 큰 차이가 있다.

그들은 잘못될 가능성을 끊임없이 떠올리며 기대치를 낮게 잡는다. 그리고 일어날 수 있는 모든 시나리오를 머릿속으로 하나하나 떠올린다. 머리에 최악의 상황을 가정하고 리허설을 끊임없이 해보는 것이다. 프레젠테이션을 하는 동안 마이크 선을 밟아서 넘어지는 시나리오, 갑자기 PPT 파일이 멈춰버리는 시나리오 등 미리 예측하고 불안해하는 것이다.

하지만 중요한 것은 그런 일이 발생할 수 있다고 가정하면서도 어떻게 하면 최악의 상황을 없앨 수 있을까?라며 끊임없이 생각하고 해결책을 찾으려는 태도다. 그들은 머릿속 리허설을 통해 자신을 옥죄는 불안에서 벗어날 수 있는 일들을 파악한다. 불안 자체가 그들의 강력한 동기부여 수단이 되는 것이다. 자신에 대한 회의가 들 때 방어적 비관주의자들은 두려움에 사로잡히지 않고, 처참한 실패의 상황을 상상함으로써 불안감을 강화하고 더 강렬해진 불안감을 통해 동기를 부여받는다.

그들은 최악의 경우를 상상하고 그런 상황을 피하고자 하는 등 모든 구체적인 사항을 치밀하게 준비해서 자신이 상황을 장악했다는 자신감을 얻는다. 그들의 자신감은 앞으로 겪게 될 어려움에 대한 무지나 환상에서 솟아나오지 않고 현실적인 평가와 철두철미한 계획에서 나온다.

그러니 여러분이 이런 성향이라면 자신의 원래 모습을 바꾸고 싶다며 스트레스를 받지 않아도 된다. 오히려 이런 성향을 이용해서 철저한 계획을 세우고 대비하라. 그리고 한 가지 더 팁을 전하자면, 불안한 감정을 없애려하지 말고 오히려 다른 감정으로 바꿔 생각하는 습관을 가지는 게 좋다.

불안감을 흥분으로 치환하라

보통 사람에게 무엇이 두려운지를 말해보라고 하면 십중팔구 '남들 앞에서 말하기'를 두려워한다. 하버드 경영대학원의 앨리슨 우드 브룩스 교수는 학생들에게 어떤 주제를 주고 설득력 있는 연설을 하라고 요청했다. 그리고 동료 학생들로 구성된 위원회를 선정해 연설이 끝난 후 연설자의 설득력과 자신감을 평가하도록 했다. 준비할 시간이 2분밖에 없었던 학생들의 얼굴에는 불안한 모습이 역력했다.

브룩스 교수는 직장인 300명에게 이 문제와 관련해 조언을 부탁했더니 가장 흔한 조언이 '긴장을 풀고 마음을 편안하게 먹어라'였다고 한다. 하지만 브룩스 교수는 그들의 조언과는 다른 접근을 택했다. 그는 학생들을 무작위로 나누고, 한 집단에게는 "침착하자"를, 다른 집단에게는 "신난다"를 소리 내어 말하게 했다. '침착'과 '신난다'라는 한 단어의 차이로 무엇이 달라졌을까?

"신난다"라고 외친 학생들은 자신이 침착하다고 다독인 학생들보다 설득력에서 17퍼센트, 자신감에서 15퍼센트 높다는 평가를 받았다. 두려움을 흥분(신난다)의 감정으로 달리 규정하자 연설자에게 오히려 동기가 부여되었고, 그들의 연설 분량은 평균 29퍼센트 길어졌다. 학생들은 37초나 더 무대 위에 머무를 용기를 낸 것이다.

침착해지려고 애쓰기보다 흥분하는 것이 두려움을 극복하는 데 더 효과적인 이유는 무엇일까? 두려울 때는 심장이 두근거리고 혈액의 흐름이 빨라지는 것이 느껴진다. 그런 상태에서 침착해지려고 애쓰는 행동은 시속 150km로 달리는 자동차에 갑자기 브레이크를 걸어 급정거시키려는 행동이나 마찬가지다. 자동차에는 아직 움직이려는 관성이 남아있어 억지로 멈추려고 할수록 차체에 더 심각한 손상을 가할 수 있다.

그렇기에 강렬한 감정을 억누르려고 애쓰기보다 그 감정을 다른 감정으로 전환시켜보는 것이다. 감정의 상태는 다르지만 강도가 비슷한 다른 감정으로 바꿔서 계속 가속기를 밟게 만드는 것이다. 생리학적으로 볼 때 사람에게는 멈춤 장치와 동력 장치가 있다. 멈춤 장치는 속도를 늦추고 신중하게 주변을 살피게 해준다. 《콰이어트》의 저자 수전 케인은 '동력 장치는 추진력을 주고 흥분하게 만든다'라고 말한다. 멈춤 장치를 누르는 대신 동력 장치를 가동시키면, 두려움에 직면한 상황에서도 자신에게 동기를 부여하게 된다.

우리는 미래가 불확실하기 때문에 두려워한다. 뭔가 좋지 않은 일이 일어날까 봐 걱정한다. 새로운 일을 시작할 때, 특히 퇴사를 결심할 때도 다름없다. 필연적으로 겪어야 할 경제적 부담과 구직 활동에 쏟아야 하는 정신적, 육체적 소모, 주변 사람들의 시선 등 많은 것에 대한 걱정이 드는 것은 당연하다.

그러나 아직 일어나지 않은 일이기에 아무리 희박하더라도 결과가 긍정적일 가능성도 있다. 우리는 앞으로 나아가야 할 이유에 집중함으로써 동력 장치를 밟는 용기를 내야 한다. 두려움을 떨쳐버리고 마음껏 노래를 부를 때 느끼게 될 희열감에 실낱같은 희망을 걸게 되는 것이다. '단순히 잘될 거야'라고 외치는 무한 긍정주의와 전략적 긍정주의는 이런 차이가 있다.

선택을 하는 데 있어 용기가 안 날 수도 있다. 앞서 말했듯, 나는 무조건 긍정적으로 생각하고 행동하라고 얘기하지는 않는다. 사람의 성향은 모두 다르기 때문이다. 결정에 있어 단순히 '비관주의가 좋지 않다, 긍정주의가 좋다'라는 이분법적인 사고보다 본인에게 맞는 방어적 비관주의 또는 전략적 낙관주의를 택해 동력 장치를 움직여 목표를 달성하길 바란다. 그리고 누군가의(스스로의) 동력 장치를 움직이는 것은 그 사람이(스스로가) 가치 있는 사람이고, 가치 있는 일을 하고 있다는 확신을 주는 것이라는 것도 잊지 말길 바란다.

삶이 계속 달라지지 않는다는 당신에게

자기 긍정이

무조건 답일까?

"아직도 좋아하는 일이 무엇인지 못 찾았어요. 잘하는 일도 잘 모르겠어요. 그냥 아무 일이나 계속하다 보면 어떻게든 되지 않을까요?"

나에게 고민상담을 했던 A라는 분은 자신이 좋아하는 것을 못 찾았지만, 아무 일이나 꾸준히 하다 보면 뭔가 이루어지지 않을까 하는 막연한 기대심을 품고 나에게 질문을 던졌다.

하지만 앞서 말했듯 다양한 경험이 중요한 것은 맞지만 그것보다 우선시해야 하는 것은 자기 자신에 대한 '확신'이다. A에게는 다양한 경험보다 자신에 대한 확신을 심는 게 먼저라는 판단에 따라 그 부분을 도왔고, 실제로 긍정적인 변화를 이끌어낼 수 있었다.

자기 자신에 대한 확신이 없는데 긍정적인 결과가 도출될 가능성은 지극히 낮다. 확신은 우리의 행동에 큰 영향을 준다. 사회심리학자들은 20년이 넘는 시간 동안 수많은 연구를 통해 자신의 믿음에 확신을 가진 사람이 더 적극적으로 의견을 밝히고, 자신의 신념을 다른 사람과 공유하기 위해 설득에 힘쓴다고 얘기한다. 확신은, 삶을 신념으로 채우고 의미와 중요성을 불어넣음으로써 생각을 행동으로 변화시키는 촉매가 된다.

다만, 확신과 무한 긍정은 같은 것이 아니다. 심리학 컨설턴트 그랜트 할버슨은 이 차이에 유의해야 한다고 강조한다. 일반적으로 긍정적인 사고방식은 우리의 삶에 큰 도움이되지만, 무한 긍정이 꼭 옳은 결과를 도출해내지는 않는다. 확신과 무한 긍정의 차이에는 목표 달성을 위한 과정을 대하는 태도에 있다.

뉴욕대학교와 함부르크대학교에서 심리학 교수로 지낸 가브리엘레 외팅겐은 한 연구에서 살을 빼고 싶어 하는 비만 여성을 대상으로 체중 조절 프로그램을 만들었다. 그리고 프로그램을 시작하기 전 여성들이 각자 자신의 체중 조절 가능성을 어느 정도로 기대하는지 조사했다. 예상했던 대로 성공 가능성을 크게 잡은 그룹이 그렇지 않은 그룹에 비해 평균 12kg 정도 살을 더 뺀 결과가 나타났다.

외팅겐 교수는 사전 조사에서 각각의 여성들이 살을 빼는 과정을 얼마나 힘들게 여기는지도 조사했다. 이를테면 사무실에 남겨진 과자의 유혹을 과연 쉽게 뿌리칠 수 있을지 물어본 것이다. 그런데 예상 밖의 결과가 나타났다. 유혹을 이기기 힘들 것이라고 예상했던 그룹이 유혹을 쉽게 이겨낼 수 있을 거라고 대답한 그룹보다 평균 11kg정도 살을 더 뺀 것으로 나타났다. 다시 말해서, 목표를 달성하는 과정이 쉽지만은 않을 것이라고 생각하고 대비했던 사람들이 더 좋은 결과를 달성할 수 있었던 것이다.

외팅겐 교수는 원하는 목표에 대한 정신적 대비를 하는 방법으로 'WOOP 기법'을 제시했다. 먼저 간절히 원하는 소망Wish을 생각하고, 그 소망을 달성했을 때 즐거운 결과

Outcome를 떠올린 후, 목표를 달성하는 데 걸림돌이 되는 장애물Obstacle을 염두에 두고, 그 장애물을 극복하기 위한 계획Plan을 세우라고 말한다.

우리는 수많은 목표를 세우고, 그것을 이루기 위해 노력한다. 그러나 그것보다 더 중요한 것은 목표를 높게 잡더라도, 그 목표를 이루는 과정이 험난할 것이라는 사실을 인정하고 준비하는 태도다. 그렇게 해야만 목표를 이루기 위해 더 많은 에너지를 투입하고, 더 철저하게 준비하며, 예상 밖의 장애물에 유연하게 대처를 할 수 있다. 무조건적인 긍정은 오히려 자기 과신을 낳고, 자기 과신은 실패를 낳는다.

계속 강조해왔듯이 체계적인 동기부여와 좋은 멘토가 있다고 하더라도 자기 자신을 제대로 알지 못하고 확신이 없으면 금방 포기하게 된다. 내 성향을 제대로 파악하고 방향을 잘 잡는다면, 점점 더 좋아하고 잘하는 일에 가까워질 수 있다. 그렇다면 어떻게 자기 자신을 알 수 있을까?

아마존 베스트셀러이자 전 세계 1,000만 명이 선택한 취업 바이블《파라슈트》에서는 자기 자신을 찾는 방법에 대해 다음과 같이 설명한다.

첫번째는, A4용지 10장을 준비해서 맨 위에 '나는 누구인가?'라는 제목을 쓰는 것이다. 한 장에 꼭 한 가지 답을 적는다. 답은 긍정적인 답이어야 한다.

두 번째로 10장의 A4용지를 다 채우고 한꺼번에 바라본 뒤 각 장마다 설명을 덧붙인다. 답을 말할 때 머리에 반짝 떠오르는 아이디어가 있을 것이다. 그 아이디어들을 간단히 열거한다. 세 번째는 10장 모두 설명 붙이기가 끝났으면 천천히 읽으면서 내가 생각하는 우선순위에 따라 배치한다. 제일 중요한 것을 맨 앞에 놓고, 그 다음 중요한 것을 뒤로 놓는 식으로 10장을 순서대로 정리한다.

네 번째는 10장을 모두 순서대로 놓고 각 장에 쓴 역할을 바라보면서 머리에 떠오르는 생각을 적는다. 머리에 떠오르는 무엇이든 모두 적는다. 그리고 A4용지 한 장을 더 가져와서 10장에 있는 내용들을 모두 옮겨 적는다. 그 후에 여러분이 누구인지, 여러분의 강점과 매력, 어디에 흥분하고 무엇을 할 때 성취감을 느끼는지, 어떤 일을 할 때 인정받는지 등을 확인할 수 있다.

우리는 사실 자기 자신에 대해 시간을 내서 깊게 생각해본 적이 많이 없다. 자기가 유일하게 잘하고 좋아하는 일이 무엇인지 생각해본 적도 별로 없다. 또 이 세상에서 자기가 유일하게 내놓을 수 있는 게 무엇인지도 잘 모른다. 하지만 우리는 분명 무언가에 대한 재능을 가지고 태어났고, 특별한 소질을 타고났다. 그런 천부적인 능력을 소유하고 있다는 사실을 확인할 기회가 없었을 뿐이다. 그러니 당신의 재능을 알고 싶다면, 위에 언급한 것처럼 A4용지를 준비하고 차분히 자리에 앉아 '나는 누구인가?'에 대한 답을 적어보길 바란다.

삶이 계속 달라지지 않는다는 당신에게

삶에서 의미를 찾는
가장 좋은 방법

"사는 게 공허합니다. 하고 있는 일에서 도저히 의미를 찾지 못하겠어요. 누구나 그렇겠죠? 시간이 지나면 이런 기분도 나아지겠죠?"

자주 듣는 질문 중 하나다. 지금 하는 일에서 의미를 찾지 못하겠는데, 혹시 일시적인 기분은 아닌지 다들 겪는 문제인 거냐고 되묻는다. 100% 만족하며 살 수 없으니 맞춰서 살아야 하는 거냐고 힘없이 묻는다. 하지만 직장 내에서 의미를 찾지 못하는 순간이 가장 위험하다. 도대체 이 '의미'는 무엇이고, 왜 중요한 걸까?

잡코리아에서 남녀 직장인 600명을 대상으로 '직장생활 만족도가 가장 떨어지는 순간'에 대해 조사했는데, 일이 적성에 맞지 않거나 재미가 없을 때(28.5%)가, 일하는 것에 비해 연봉이 너무 작다고 느낄 때(20%)보다 높은 비율을 차지했다. 또한 벼룩시장 구인구직 조사에서 20대 이상 직장인 694명을 대상으로 '더 많은 돈을 받을 수 있다면 현재 직업을 포기할 의향이 있나요?'라는 설문을 진행했는데, 과반이 넘는 59.1%의 사람들이 '그렇다'라고 답했다. 이 두 조사는 무엇을 의미하는 걸까? '돈'이 중요하기 때문에 지금 다니는 직장을 포기하고 싶다고 말하는 걸까?

나는 이 두 설문 조사가 일이 적성에 맞지 않거나 더 이상 지속할 '의미'가 없기 때문에, '돈'이라도 많이 주는 곳으로 옮기고 싶다는 직장인들의 심리를 대변하고 있다고 생각한다. 우리는 세금이나 밀린 할부금을 지불하기 위해 일을 하는 것이 아니다. 인생의 많은 시간을 일하는 데 할애하는 만큼, 일은 인생을 지탱하는 힘이 돼야 한다. 그 힘은 반드시 돈에서만 나오는 것이 아니라 '의미'에서도 나오는 것이다.

소비자들이 조립형 제품을 구매해 직접 조립함으로써 완제품을 구입하는 것보다 더 높은 만족감을 얻게 되는 효과를 이케아 효과*IKEA effect*라고 한다. 이케아의 서비스는 다소 불편하지만 저렴하다는 장점이 있다. 그런데 이케아 가구의 저렴한 가격은 소비자가 직접 운반하고 조립하는 데서 오는 운반비와 인건비 절감 덕분이다. 이를 제외하면, 다른 가구 업체에 비해 특별히 저렴한 것도 아니다. 그럼에도 왜 소비자들은 불편함을 감수하면서까지 이케아 제품을 선호하는 것일까?

그것은 이케아의 판매 전략이 소비자의 심리적 만족도를 높이기 때문이다. 보통 사람들은 자신이 공들여 이룬 것으로부터 성취감을 느끼고, 그에 대해 애착을 갖게 된다. 마찬가지로 손수 완성한 가구가 소비자에게 주는 심리적 만족감은 각별하다. 인간은 힘을 쏟아 무언가를 이룰 때 그것을 더 소중히 여기는 경향이 있다. 이러한 이케아 효과는 우리 삶 전반에서 찾을 수 있다.

2007년 한국직업능력개발원 '직업 만족도 평가'에서는 사진작가, 작곡가, 인문과학연구원, 상담전문가, 교수, 성직자, 교사 등이 상위권을 차지했다고 한다. 이들이 많은 돈을 번다고 할 수는 없지만, 대부분은 사람들을 만나 그들에게 좋은 영향을 주고, 그 안에서 의미를 찾는 직업이다. 가치 있는 일에 헌신할 때 삶이 더 의미 있다고 여겨지는 것을 알 수 있다.

일이 의미 있게 느껴지려면

교육 컨설팅사 에스엠엔제이 파트너스*SM&J PARTNERS*의 백수진 수석 연구원은 일의 의미를 느끼기 위해 일반적으로 세 단계를 거친다고 얘기한다. 첫 번째는 자신이 하는 일이 중요하다고 인식*personal significance*하는 단계다. 내가 수행하는 일이 의미가 있는지 없는지 자기 경험으로 판단하는 것이다. 다른 사람이 그 일의 가치를 인정한다고 하더라도 정작 내가 그렇게 생각하지 않으면 의미가 없다는 것이다.

두 번째, 일을 자신의 성장을 촉진하는 수단*personal growth*으로 인식하는 단계다. 내가 이 일을 하면서 내적으로 발전하고 있다고 느끼는 것이다. 일을 단순히 일로써 바라보는 것이 아니라 인생과 긴밀히 연결해보는 것이다. 일에서 얻은 긍정적인 경험이 인생에서도 긍정적으로 작용할 수 있다고 생각하며, 일의 의미를 주도적으로 스스로 만들어가는

삶이 계속 달라지지 않는다는 당신에게

것이다.

세 번째는 자신이 하는 일이 나에게 좋은 것만이 아니라 세상에 긍정적인 영향greater good을 제공한다고 인식하는 단계다. 일의 결과가 개인의 성취뿐 아니라 타인에게 도움을 주는 '가치'를 제공할 수 있음을 깨닫고 크게 보람을 느끼는 것이다.

이러한 세 단계를 찬찬히 생각해보면 자신의 일에 대한 관점의 변화가 의미를 발견하게 만들고, 이것이 나를 적극적이고 긍정적인 태도로 일을 하게 만든다는 것을 알 수 있다.

삶에서 의미는 왜 중요할까?

텍사스대학교 데이비드 예거 교수와 말런 핸더슨 교수는 고등학생을 대상으로 한 연구를 진행했다. 실험에 참여한 학생들에게 학교 공부가 삶의 목표를 실현하는 데 어떤 도움을 주는지 글로 써보라고 요청한 것이다. 글을 쓴 학생들의 변화는 놀라웠다. 몇 달 뒤 수학과 과학 점수가 오른 것이다. 대학생을 대상으로도 같은 연구를 시행했는데, 자신이 왜 대학을 다니는지 그 목적을 고민한 학생일수록 지루한 수학 과제를 끝까지 해내는 경향이 월등히 높았다.

이처럼 글쓰기가 효과를 발휘할 수 있었던 이유는 학생들이 이 활동을 통해 '공부의 의미와 목적'을 생각하고, 그것을 글로 쓰면서 구체화했기 때문이다. 학생의 본분을 지키기 위해 공부해야 하는 것이 아니라, 자신의 목적을 실현하고 가치 있는 삶을 살기 위해 공부해야 한다는 사실을 인식한 것이다. 즉, 자신이 하는 일의 의미를 제대로 알면, 삶의 목표를 이루기 위해 계속해서 나아갈 힘이 생긴다.

나아가 '의미 찾기'가 중요한 또 다른 이유는, 우리가 의미를 기억하고 되새기면서 살 때 스트레스가 주는 악영향에서 스스로를 지켜낼 수 있기 때문이다. 누구도 고통을 겪지 않고는 삶을 이어갈 수 없다. 그만큼 고통을 극복하는 과정이 중요한데, 역경을 이겨내는 사람들은 '의미'라는 단단한 기둥에 자신을 의지한다는 공통점이 있다. 당장 눈앞의 문제 때문에 힘들어도 '왜' 이 일을 해야 하는지, 이 일이 자신의 인생에 어떤 의미를 갖고 있는지 알기 때문에 버틸 수 있는 것이다. 그리고 그렇게 역경을 극복할수록 마음속 의미의 기둥은 더 단단해지고 더 튼튼해진다.

삶이 계속 달라지지 않는다는 당신에게

의미를 잃어버린 직장에서 '의미'를 다시 찾을 수 있을까?

나는 지금까지 내가 하는 일을 바라보는 관점을 바꾸는 것이 중요하다고 얘기했는데, 의미를 느끼게 만드는 또 다른 방법이 있다. 바로 타인과 유대감을 쌓는 것이다. 즉, 타인과 '관계 맺기'를 통해서도 우리는 삶의 의미를 찾을 수 있다. 사람은 누구나 친구, 가족, 연인에게 이해와 인정, 지지를 받고 싶어 한다. 그리고 어딘가에 소속되고 싶어 한다. 흔히 혈액형이나 MBTI로 사람의 성향을 구분하고 자신과 유사한 성향의 사람들을 찾는 것도 이 때문이다. 과학적으로 전혀 근거가 없더라도, 같은 혈액형인 것만으로도, 같은 MBTI인 것만으로도 소속감과 유대감을 느낄 수 있기 때문이다.

심리학자들은 다른 사람이 나를 중요하게 생각하고 중요한 사람으로 대할 때, 나 역시 스스로를 중요한 사람이라고 생각하게 된다고 한다. 또한 다른 사람과 즐거운 상호작용을 맺는 상황에 자주 노출될 때 유대감을 느낀다고 한다. 우리는 세상에 나오는 순간부터 본능적으로 유대감을 느낄 대상을 찾고 거기에서 의미를 찾는다는 얘기다.

미시간대학교 조직 심리학자 제인 더턴은 '양질의 관계 맺기'라는 개념을 설명한다. 직장에서 맺는 관계가 직장에서

하는 경험뿐 아니라, 삶 전반에 중대한 영향을 미친다는 뜻이다. 직장에서 유대감을 갖지 못하면 일과 삶 모두 덜 의미 있게 느껴진다. 더턴의 연구팀은 미국 중서부 소재의 한 대형 병원에서 일하는 청소 직원 23명을 선별해 인터뷰를 진행했다. 직장 내 사람들과의 관계를 주제로 긴 대화를 나눴는데, '유대감'이 직장 경험에 결정적인 역할을 한다는 사실을 발견했다.

청소 직원들이 스스로를 가장 가치 없다고 느끼는 순간은 바로 직장에서 무시당할 때였다. 사람들은 환자를 돌보는 간호사와 생명을 살리는 의사가 얼마나 의미 있는 일을 하는지는 이야기하면서, 모두가 기분 좋게 일할 수 있도록 건물 구석구석과 화장실을 청소하는 사람들의 일이 얼마나 의미 있는지는 이야기하지 않는 것이다.

반면, 청소 직원들이 자신의 일에 자부심을 느끼는 순간은 병동에 있는 사람들이 그들에게 반갑게 인사를 건넬 때였다고 한다. "좋은 아침입니다"라고 사람들이 건네는 인사가 그들에게는 자신들이 하는 일을 인정하는 것처럼 느껴졌다는 것이다.

어떤 위치에 있는 사람이든 사소하게 관계 맺는 순간을

삶이 계속 달라지지 않는다는 당신에게

신경 쓰는 것만으로도, 일터에서 자신은 물론 동료들의 기분까지 바꿀 수 있다. 비록 누군가에게 양질의 관계를 맺자고 강요할 수는 없다. 그러나 내가 먼저 그런 관계를 시작하거나 서로 주고받는 일은 가능하다.

마음에 들지 않는 동료에게 날 선 행동으로 대하는 대신 따뜻하게 말할 수 있고, 거리에서 만나는 낯선 사람의 눈을 피하는 대신 인사를 건넬 수 있다. 타인을 무시하는 대신 존중하고, 사람들에게 먼저 손을 내밀면 훨씬 더 좋은 관계를 맺고 행복한 삶을 살아갈 수 있다.

좋아하는 일을
어떻게 시작해야 할까?

"좋아하고 잘하는 일이 뭔지 이제 알았어요. 근데 막상 시작하려
고 하니 어디서부터 어떻게 해야 할지 난감하네요."

지인 중에 적극적인 연구와 주변의 피드백을 수용하며
자신이 좋아하고 잘하는 일을 찾았지만, 어떻게 그것을 시작
해야 할지 도저히 감이 안 온다고 말하는 경우가 종종 있다.
이 질문에 대해 답을 구하는 분들이 생각보다 많아 그동안
건넨 조언을 간략히 글로 옮겨본다. 우선 그 일이 정말 하고

싶다는 확신이 들었다면, 일을 시작하기 전에 크게 두 가지를 고려해야 한다.

첫 번째, 이 일을 한다면 어느 정도 지속 가능한가? 지속 가능성이란 특정한 과정이나 상태를 유지할 수 있는 능력을 의미한다. 무언가를 시작할 때 필연적으로 확인해야 할 사항이다. 충북대학교 소비자학과 박종옥 강사의 〈경제적 어려움을 경험한 집단의 만족도와 영향 요인〉 논문에 따르면, 총 6,444명을 대상으로 경제적 어려움을 경험한 집단(1,131명)과 경제적 외의 어려움을 경험한 집단(2,201명), 어떠한 어려움도 경험하지 않은 집단(3,112명)을 구분하여 분석한 결과, 생활의 만족도는 경제적 어려움을 경험한 집단(5.04)이 다른 하위집단에 비해 만족도가 가장 낮았으며, 경제적 요인(가계수지지표, 비상자금지표, 중기부채부담지표, 주관적 수입 만족도) 및 심리적 요인(우울감, 자아존중감), 가족관계적 요인(배우자 및 자녀 관계 만족도, 가정생활 스트레스)에 이르기까지 가장 부정적으로 나타났다.

이와 관련해 경기도에서 여론조사기관 케이스텔리서치에 의뢰해 진행한 설문 조사도 있다. 만 19세 이상 도민

일생에 단 한번은 독기를 품어라

1,000명을 대상으로 가장 불행한 삶을 0점, 가장 행복한 삶을 100점으로 행복 수준을 측정했는데, 경기도민의 평균 행복 지수는 67점으로 나타났고, 가장 큰 고민거리가 무엇이냐는 물음에 '경제적 어려움'을 24%로 높게 꼽았다. 특히 이를 호소한 응답자의 행복 지수가 55점에 불과해 경제적 어려움이 행복함을 느끼는 데 가장 큰 방해 요인인 것으로 분석됐다.

이 두 지표를 살펴보면, 지속 가능성은 경제적 문제와 긴밀하게 연결되어 있다는 사실을 확인할 수 있다. 금전적으로 어려움을 겪더라도 이걸 지속할 만큼의 확고한 의지가 있느냐 혹은 금전적으로 어느 정도 준비되어 있기 때문에 버틸 수 있느냐를 스스로에 물어야 한다.

내가 좋아하고 잘하는 일을 하더라도 금전적으로 어려움이 발생하면 불행해지고 일을 지속하게 만드는 원동력이 사라질 수 있기 때문이다. 그렇기에 강력한 의지로 이겨낼 수가 없을 경우를 대비해 급작스럽게 하던 일을 그만두기보다, 수입이 없더라도 최소 1년간 내가 좋아하는 일에 온전히 집중할 수 있을 정도의 자산을 사전에 만들어야 한다.

두 번째, 어떻게 시작할 것인가? 무언가를 시작하는 데 있어서 크게 두 가지의 방법이 있다. 하나는 철저하고 완벽한 계획을 세우고 일을 시작하는 '계획주의'에 기반한 접근법이고, 다른 하나는 시행착오를 겪으며 배우고 발전하는 '학습주의' 접근법이다.

최초의 유인 비행기 개발로 유명한 라이트 형제를 알고 있을 것이다. 하지만 당시 최고의 과학자 랭글리 박사는 오히려 모르는 사람들이 더 많다. 물리학자이자 비행가였던 랭글리 박사는 정부의 전폭적인 지원을 받아 비행기 개발을 추진했지만, 참담한 실패를 겪었다. 어째서 당대 최고 과학자 랭글리 박사는 실패하고, 인지도도 높지 않고 아무런 지원도 받지 못했던 라이트 형제는 성공했을까?

비행 이론을 체계화한 랭글리 박사는 무려 17년이나 비행기 개발에 매진했지만, 라이트 형제는 비행기를 띄우는 데 고작 4년밖에 걸리지 않았다. 결정적 차이는 비행기 개발에 대한 인식 차이였다. 랭글리 박사는 비행기가 '떠서 나는 것'이라고 여겼고, 라이트 형제는 비행기가 '날다 보면 뜰 것'이라고 생각했다. 랭글리 박사는 비행체를 띄우는 것에 집중해서 동력이 강하고 가벼운 엔진 개발에 착수했고, 라이트 형

일생에 단 한번은 독기를 품어라

제는 일단 날리는 것에 집중해서 공중에서 조종이 수월하도록 기체를 설계했다.

하늘에서 바람의 방향은 우리가 예측할 수 없을 정도로 시시각각 변한다. 라이트 형제는 미묘한 바람의 세기에도 비행기는 추락할 수 있다는 것을 알았다. 형제는 랭글리 박사에 비교했을 때 이론을 탄탄하게 설계하진 않았지만, 실험을 하며 그때그때 발견된 오류를 개선해나갔다. 랭글리 박사는 완벽한 이론과 철저한 계획에 따라 행동했지만, 라이트 형제는 시행착오를 거치면서 계획을 조금씩 바꿔나갔다.

이번에는 패션 브랜드 *ZARA*를 살펴보자. 자라는 유행이 짧고 변화가 빠른 패션산업에서 패스트 패션*Fast fashion* 브랜드로 자리매김하며 새로운 강자로 부상했다. 패스트 패션이란 계절에 맞춰 1년에 네 차례 제품을 기획하는 일반 패션 브랜드와 달리 최신 트렌드와 소비자 반응에 맞춰 1~2주 단위로 빠르게 상품을 기획하고 생산해 판매하는 의류를 일컫는다. 기존 패션업체들은 시즌에 판매할 의류를 사전에 기획하고, 화려한 패션쇼를 통해 다음 시즌에 유행할 트렌드를 미리 선보이며 물량을 예측하고, 이에 따라 다음 시즌의 물량도 준비한다.

그러나 최근 들어 트렌드가 급변하고, 유행 주기가 점점 짧아지면서 예측이 빗나가는 상황이 빈번하게 발생했고 기존 패션업체들의 수익률이 차츰 떨어졌다.

자라는 이러한 상황을 학습주의 방식으로 타개한 브랜드다. 트렌드 예측으로 생산했던 물량을 15% 이내로 축소했고, 나머지 85%는 고객 반응에 집중해 디자인을 바꿔 생산했다. 한정된 디자인으로 다량 생산하는 게 아니라, 다양한 디자인을 소량으로 생산한 후, 소비자의 반응을 관찰하며 디자인과 계획을 그때그때 변경해 추가적으로 생산하는 JIT*Just In Time*(적기 공급 생산) 방식을 따랐다.

자라는 이를 위해 전 세계 어디에서든 디자인에서 생산, 배송까지 2주 안에 완료할 수 있는 체제를 구축했다. 이 결과로 2018년 기준, 전 세계 매장 수는 96개국 7,490개, 2018년 매출은 261억 4,500만유로(약 34조 7,684억원)에 달한다. 수년 전까지 의류업계에서 H&M과 1~2위를 다퉜지만, 2018년 기준, 매출이 35%가량 차이가 난다.

자라 관계자는 "우리 상품이 고객에게 어떻게 보여지는가가 정말 중요하기 때문에 수없이 시도하고 모험을 감행한다"고 얘기한다. 옷은 물론 인테리어 소품이나 조명을 일주

일에 한 번씩 바꾸고, 꾸준하게 팔리는 옷은 최장 3주까지 전시한다. 그 결과 자라는 1년에 약 4억 5,000만 개의 상품을 생산하고, 매장에는 수백 가지 상품이 진열되며, 진열됐던 상품은 매주 신상품으로 교체된다.

라이트 형제가 다양한 실험과 시도를 한 후 결과에 따라 계획을 수정하듯, 자라도 같은 방식으로 미래의 불확실성을 이겨내고 있는 것이다. 랭글리 박사가 계획주의 접근법으로 목표를 달성하고자 했다면, 라이트 형제와 자라는 학습주의 접근법을 적용했다. 학습주의는 '예측 불가능성'을 대전제로 한다. 자신의 아이디어와 계획이 어떠한 결과를 낼지 정확히 예측할 수 없기 때문에 일단 시도해보고, 결과에 따른 피드백을 받아 원하는 결과에 가깝게 다가갈 수 있도록 수정한다. 그리고 다시 시도하고 또 시도하는 것이다. 이를 반복하다 보면 최적화된 결과에 빠르게 다가서게 된다. 이처럼 학습주의 접근은 필수불가결한 '전략'이라고 할 수 있다.

우리가 '애자일'이라고도 부르는 린 스타트업*lean start up* 원리도 이와 비슷하다. 린 스타트업은 미국 기업가 에릭 리스가 새롭게 고안한 경영 전략이다. 처음부터 세상을 바꿀 엄청난 것을 만들겠다는 생각을 뒤로 미룬 채, 괜찮은 아이

삶이 계속 달라지지 않는다는 당신에게

디어가 나오면 완벽하지 않더라도 시장 반응을 테스트할 수 있는 시제품을 빨리 만들어 출시한다. 이러한 제품들을 MVP*Minimum Viable Product*라고 부른다.

시제품을 고객들에게 선보인 후 재빨리 반응을 파악하고 분석하여 발 빠르게 문제를 개선한다. 제품 출시 전 아이디어를 낼 때 만들었던 전제가 잘못되었다고 판단되면, 미련 없이 더 나은 방향으로 선회한다. 이런 과정을 거쳐 제품의 완성도를 높이고, 이미 검증된 전제를 바탕으로 마케팅하고 본격적인 제품 출시 및 판매를 시작한다.

좋아하는 일을 '어떻게 시작해야 할까?' 하고 고민하고 있는 사람들은 대부분 처음부터 완벽하게, 한 번에 성공할 수 있는 방법을 찾으려고 한다. 그러다 보니 아무것도 시작하지 못하고 생각만 하다 속절없이 시간을 흘려보내곤 한다. 라이트 형제와 자라의 학습주의 접근법을 우리 자신에게 적용할 필요가 있다는 얘기다.

처음부터 내가 꿈꾸는 이상적인 모습이 되기 위해 전전긍긍하지 않아도 괜찮다. 새롭게 도전하는 일인 만큼, 우리는 그 분야에 대해 아직 전문가가 아니다. 당장엔 그 분야에서 성공하기 위한 길이 딱 하나로 정해져 있는 것 같지만, 사실 전혀 그렇지 않다. 그 일을 하다 보면 여러 가지 방법으로 목표를 달성할 수 있는 길이 보인다. 그렇기에 좋아하는 일을 찾았다면 시행착오를 겪을 것을 각오하고 도전해봐야 한다.

학습주의 접근법을 적용하기 위해 내가 할 수 있는 가장 중요한 조언은, 완벽하지 않더라도 그냥 시도해보라는 것이다. '완벽주의' 성향과 관련해 영국에서 흥미로운 조사를 한 적이 있었다. 영국 세인트존스대학교 심리학자 마르틴 스미스는 2018년, 기존에 진행했던 77개의 연구와 약 25,000명의 데이터를 분석한 결과, 90년대 이래로 완벽주의 성향을 지닌 사람들이 꾸준히 증가하고 있음을 발견했다.

그는 지금의 젊은 청년들이 이전 세대에 비해 완벽주의 경향이 더 심하다고 밝혔다. 또 한 가지 흥미로운 사실은 나이가 들면서 완벽주의적 성향을 지닌 사람들은 그렇지 않은 사람들에 비해 신경증*neuroticism*(부정적 정서성, 과한 걱정 및 불안과 관련된 특성)이 높아지고 성실성*consciousness*(체계성, 책임감, 의지력 등과 관련을 보이는 특성)은 낮아지는 경향을 보였다고 한다. 이들이 이런 경향을 보이는 이유는 바로, 경험을 쌓아가면서 실패한다고 삶이 끝나는 게 아니라고, 그렇게 애쓰지 않아도 된다고 자신의 부족함을 자연스럽게 받아들이고 평정심을 배워가는 사람들과 달리, 계속해서 자신의 부족함을 들춰내고 완벽해야 한다는 강박관념에 휘둘리기 때문이다.

완벽주의 성향의 사람들은 작은 일에도 지나치게 완벽함을 추구하며 쓸데없이 과한 에너지를 쏟기 때문에(표 하나 만드는 데 완벽한 서식을 위해 하루를 다 소모하는 경우) 번아웃이 빨리 찾아오기도 한다. 또한 겪지도 않은 실패에 대한 불안을 다스리느라 정작 일을 하는 데 쓸 에너지가 모자란 현상도 나타난다. 이런 특성이 완벽주의자들에게서 성실성이 낮아지는 현상으로 이어진다는 게 연구자들의 추측이다.

《습관의 재발견》의 저자이자 개인 성장 전략 전문가로 알려진 스티븐 기즈는 변화와 도전 앞에서 늘 망설이는 사람들에게 완벽주의를 버릴 때 성공의 길이 열린다고 말한다. 그는 2004년 자기계발 분야 블로그 '딥이그지스턴스 *deepexistence.com*'를 시작했고, 첫 2년간은 구독자가 400여 명에 불과했다. 그는 실망했지만, 그렇다고 그만두지는 않았다. 오히려 그는 그때그때 발견한 문제점들을 조금씩 개선해나갔다. 그 결과 2012년, 그의 블로그는 미국 네티즌이 뽑은

'가장 영향력 있는 자기계발 블로그' 1위를 수상하기에 이르렀고, 이듬해인 2013년, 그의 첫 책은 글로벌 베스트셀러가 되었다.

그는 완벽하지 않은 아이디어로 시작해 완벽하지 않은 과정들을 거쳤지만 적응해갔고, 마침내 성공적인 결과에 도달할 수 있었다. 만약 그가 그 과정들에 견디지 못하고 블로그를 중도에 포기했더라면, 지금의 성공은 없었을 것이다. 그는 일단 시작하게 되면 처음에 걱정했던 문제들이 하나둘 눈에 띌 수는 있지만, 실제로 닥치면 걱정과는 달리 큰 문제로 여겨지지 않는다는 점을 지적했다.

특히 그는 "인생에는 온갖 사고와 사건이 일어나기 때문에 완벽한 계획과 완벽한 시나리오는 처음부터 존재할 수 없다"고 말한다. 성공한 사람들은 이 점을 잘 이해하고 있다. 무언가를 아주 여러 번 반복해서 다듬어 개선하는 것이, 첫 시도부터 완벽하고 꼼꼼하게 계획을 세울 때보다 훨씬 효율적이고 목표에 더 빠르게 다가갈 수 있다는 것을 말이다.

완벽주의에 사로잡힌 많은 사람이 작은 습관, 작은 목표를 무시하고 거창하고 완벽한 꿈을 꾸지만, 작은 목표를 세우고 쉽게 여러 번 반복해서 성공하는 것이야말로 가장 확실한 성공의 길인 것이다.

두 번째로, 적극적으로 피드백을 구하고 그를 통해 배워야 한다. 《리더십 머신》의 저자이자 로밍거 주식회사의 창립자 마이클 M. 롬바르도는 개인의 성장을 이끄는 여섯 가지 핵심 요소 중 하나로 피드백을 꼽았다. 적절한 빈도로 반복해서 피드백을 주면 개인의 변화를 촉구할 수 있다는 것이다.

약 2만 2천 명의 리더들을 대상으로 직원들에게 얼마나 솔직하게 피드백하는지 측정하고 직원들의 업무 몰입도를 조사했더니, 솔직한 피드백을 제대로 주지 못하는 하위 10퍼센트 상사의 경우, 직원들의 업무 몰입도는 100점 만점에 25점에 불과했다. 반면, 피드백을 잘 전달하는 상위 10퍼센트의 상사를 둔 직원들은 77점의 업무 몰입도를 보였다. 업무 몰입도는 곧바로 성과와 이어지기 때문에 솔직한 피드백이 그만큼 절실하다는 뜻이다.

또한 5만 1,896명의 직원들을 대상으로 대대적인 설문조사를 벌였더니, 피드백을 적극적으로 요구하는 상위 10퍼센트의 직원은 리더십 평가에서 86점을 받았다. 반면 피드백을 꺼려하는 하위 10퍼센트의 직원은 15점밖에 받지 못했다. 자신의 발전을 위해서는 타인에게 적극적으로 피드백을 요청하고 자신을 돌아봐야 한다는 단적인 근거다. 일단 시도하고, 그에 따른 피드백을 적극적으로 받아들이며 나아가는 것이 여러분이 지금 할 수 있는 최고의 선택이다.

타인의 시선이 두렵다는

당신에게

"내가 하고 싶은 걸 찾았는데 계속 다른 사람들의 눈치를 살피게 돼요. 행여나 비웃고 놀릴까 봐 뭔가를 하기도 전에 주눅 들고 포기하게 돼요. 어떻게 해야 하죠?"

좋아하는 일을 찾았으나 주변의 시선 때문에 섣불리 무언가를 시작하기가 망설여진다는 분들을 간혹 만난다. 자신의 의지로 무언가를 성취하고 싶으나 부정적인 주변 환경을 극복하기가 만만치 않은 것이다.

여러분의 상황도 이와 크게 다르지 않다면, 우선 첫 번째로, 자신의 환경을 적극적으로 바꿔야 한다. 타인의 눈치를 많이 보고 다른 사람을 의식하면서 행동하는 것을 '타인 의식 증후군'이라고 한다. 타인 의식 증후군의 원인은 잘못된 집단의식으로부터 비롯된다. 예를 들어, 대학을 선택할 때 내가 진짜 하고 싶은 꿈과 관련된 전공을 선택하기보다 남들에게 더 인정받을 수 있는 좋은 간판의 다른 전공을 선택한다. 직업을 선택할 때도 하고 싶은 일을 선택하기보다 남들이 부러워할 만한 안정적인 직장을 선택한다. 그런데 이런 특성은 쉽게 바뀌지 않는다.

세계적으로 유명한 베스트셀러 작가 말콤 글래드웰은 자신의 저서《아웃라이어》에서 타고난 재능이나 개인의 의지보다 환경적 요인이 더 중요하다는 가설을 입증하기 위해 '터마이트'라 불린 어린 천재 집단의 사례를 들었다. IQ 테스트를 통해 상위 1%인 730명의 학생을 추려내, 그들의 일생을 추적하며 교육 성과, 직업 변화, 승진 등의 정보를 꼼꼼하게 기록했다. 그리고 반세기에 걸쳐 연구를 한 결과, 환경적 요인이 개인의 의지보다 압도적으로 그들의 삶에 영향을 미친다는 결론을 얻었다.

삶이 계속 달라지지 않는다는 당신에게

그렇기에 오랫동안 알고 지냈어도 나를 응원하기보다 의심하고 부정적인 의견만을 전하는 지인들과 보내는 시간을 의도적으로 줄여야 한다. 대신 나를 응원해주고 긍정적인 마음가짐을 가진 사람들과 함께하는 시간을 늘려야 한다.

스탠포드대학교 사회학과 교수 마크 그라노베터는 '약한 고리의 강한 힘'에 대해 설명한다. 이는 긴밀하고 오래된 관계보다 실질적으로 우리의 삶에 긍정적인 영향을 주고 도움을 주는 건 다수의 느슨한 관계라는 의미다. 그렇기에 좋아하는 것을 찾았지만 주변 환경에 의해 망설이고 있다면 과감하게 내 주변 환경을 바꿔야 한다.

두 번째로, 비교하지 않는 연습이 필요하다. 사회 비교와 사회적 유대는 우리를 지탱해주는 강력한 욕구다. 우리는 타인과의 비교를 통해 우리의 의견과 행동의 옳고 그름을 끊임없이 확인한다. 그리고 때로는 우리보다 못난 사람을 보며 '그래, 내가 쟤보다는 낫지'라고 여기며 자존감을 회복하기도 하고, 따뜻한 사람과의 좋은 시간을 통해 외로움을 해결하기도 한다. 예를 들어, 만나면 기분이 좋아지는 친구(사회적 유대)와 만나면 내가 일시적으로 자존감을 회복할 수 있는 못난 친구(사회 비교)가 있다. 만약 둘 중 한 사람을 앞으로 계속 만나야 한다면 여러분은 누구를 선택할 것인가?

서울대학교 심리학과 연구팀은 '사회적 유대와 사회적 비교의 대결'이라는 제목을 정하고 일련의 실험을 진행했다. 우선 참가자들에게 중요한 시험을 가채점한 결과 그들의 점수가 60점이라고 알려주었다. 그리고 두 명의 친구에게서 시험 점수에 대한 문자를 받았다고 상상하게 했다. 첫 번째 친구는 그 시험에서 90점, 두 번째 친구는 40점을 맞았다는 상상이었다. 90점을 받은 친구는 나보다 유능하지만 만나면 늘 기분이 좋고 나를 행복하게 해주는 친구고, 40점을 받은 친구는 나보다 무능하지만 만나면 늘 에너지가 빠지는 친구였다.

사회적인 비교가 중요하다면 40점을 받은 친구를, 사회적 유대가 중요하다면 전자의 친구를 선택할 것이 확실한 상황을 일부러 만든 것이다.

연구팀은 실험 전에 미리 참가자들의 행복 점수를 측정해두고, 그 결과에 따라 행복도가 높고 자신의 선택에 확신을 가지는 참가자들이 누구와 더 시간을 보내고 싶어 하는지를 분석할 수 있었다. 유사한 실험을 반복하면서, 연구팀

삶이 계속 달라지지 않는다는 당신에게

은 행복한 사람들은 자신보다 뛰어나더라도 만나면 기분이 좋아지는, 즉 유대감을 형성할 수 있는 친구를 선호한다는 사실을 발견했다. 그리고 행복도가 낮은 사람들은 만났을 때 에너지가 빠지더라도 불행한 사람을 선호한다는 점도 알게 되었다.

즉, 행복한 사람들은 유대감을 주는 사람들을 선호하고, 행복하지 않은 사람들은 우월감을 느끼게 해주는 사람들을 선호한다는 결과였다.

앞서 말한 부분들을 요약하자면, 우리가 무언가 새로운 것을 시작하려 할 때, 필연적으로 변화시켜야 할 것이 바로 주변 환경과 비교하는 습관이다. 이 둘은 깊게 연관되어 있다. 비교하는 순간 우리는, 우리가 벗어나고 싶은 환경 속으로 자발적으로 들어가는 것과 마찬가지다. 나보다 잘난 사람을 보면 의욕을 잃게 되고, 나보다 못난 사람을 보며 우월감을 느끼게 된다. 그런데 우월감이 나에게 만족감을 주는 것은 잠깐이고, 결국 다시 불행해지기 쉽다.

내가 무언가를 할 때는 나의 만족감이 우선으로 바탕이 되어야 하는데, 타인의 시선과 누군가의 비교가 우선이 되면 그 일을 지속하기가 어려워진다.

그러니 만나는 사람들이 부정적이고 미래지향적이지 않다면, 긍정적이고 미래지향적인 사람들을 만나라. 비교하고 경쟁하는 목표지향적인 가치관보다는 그 과정에서 행복감과 유대 관계를 주는 과정 중심적인 가치관을 갖고자 노력하라. 이 두 가지 사항만 변화시키더라도 우리는 타인의 시선에서 자유로워질 수 있으며, 하고 싶은 일에 더 집중할 수 있다.

당신의 소비 패턴을
바꿔야 하는 이유

"저는 돈보다 다양한 경험을 쌓는 일이 더 중요하다고 생각해요. 그런데 주변에서 그런 저를 좋게 보질 않아요. 미래를 생각해서 돈을 모으래요. 어떻게 해야 하죠?"

나에게 고민을 얘기하는 사람들은 20대 중반에서 30대 중반 사이가 대부분이기에 직장인인 경우가 많다. 그들의 공통적인 고민 중 하나는 좋아하는 일을 찾기 위해 '금전적 비용을 어느 정도 투자하는 것이 적당한가'다. 특히 그들은 자기계발의 의지가 강하기 때문에 더 나은 삶을 살기 위한 경험에 쓰는 비용을 아까워하지 않는다. 하지만 사회생활을 하다 다른 사람들과 이야기를 나누며 "이런저런 것을 배우는 데 비용을 들이고 있다"라고 하면, "너 적금 안 들어?" "그렇게 돈 흥청망청 써서 뭐 할래?"라는 핀잔을 듣고 불안해진다는 것이다.

소비는 크게 두 가지로 구분될 수 있다. 첫 번째는 소유물을 사는 소비(물질구매), 두 번째는 경험을 사는 소비(경험구매)다. 소유물을 사는 소비란 소비하는 행동으로 물건이 생기는 소비를 의미한다. 예를 들어, 명품 시계나 자동차를 사거나, 옷을 사는 등 눈에 보이는 실체가 남는 소비행위다.

반면, 경험을 사는 소비는 소비의 결과로 물건이 생기지 않고 보이지 않는 경험과 추억, 그리고 지식이 생기는 소비를 말한다. 해외여행을 하거나 좋은 영화를 관람하거나, 지식을 습득할 수 있는 교육에 투자하는 등의 소비를 일컫는다.

심리학자이자 코넬대학교 교수 길로비치와 국제법 명예교수 반 보벤은 2003년, 캐나다 브리티시컬럼비아대학교에 재학 중인 97명의 학생에게 최근에 행한 구매에 대해 떠올려보라고 한 뒤, 그 구매가 자신을 얼마나 행복하게 만들었는지를 1~9까지의 숫자로 나타내달라고 했다. 그러자 놀랍게도 물질구매를 한 학생들의 평균 행복 점수는 6.62였지만, 경험구매를 한 학생들의 평균 행복 점수는 7.51이었다. 또한 잘 쓴 돈이라는 평가를 1~9까지로 나타내달라고 했을 때, 물질구매를 한 학생들의 평균은 6.42에 불과했고, 경험구매를 한 학생들의 평균은 7.30에 육박했다.

경험구매가 왜 물질구매보다 행복에 더 큰 영향을 미치는지에 대해 길로비치 교수와 반보벤 교수는 세 가지 이유를 말한다. 첫째, 우리가 소유한 물질은 타인과의 비교를 불러일으키지만, 우리가 겪은 경험은 상대방과의 비교를 불러일으키지 않는다는 것이다. 소유는 본질적으로 '물건'이기에 비교하기가 쉽다. 자동차, 가방, 보석, 아파트 등 물건의 가치는 돈으로 쉽게 수치화되기 때문에 비교가 용이하다. 물건을 구매한 뒤에도 타인이 소유한 물건과 끊임없이 비교하게 되고, 필연적으로 불행해질 수밖에 없는 상황에 놓이기 쉽다.

반면에 경험은 물건이라는 실체가 존재하지 않기 때문에 누군가와 비교하기가 어렵다. 여름에 제주도 여행을 하면서 '1달 전에 간 친구는 더 재밌었을 텐데'라고 비교할 수 있을까? 뮤지컬을 보면서 '내 친구는 더 퀄리티가 좋은 공연을 봤을 텐데'라고 비교하지 않는다. 단순히 소유와 달리 경험은 '지금, 여기'에 집중한 덕분에 얻게 되는 추억과 감정을 중시한다.

경험구매가 물질구매보다 행복도가 높은 두 번째 이유는, 경험은 사람들의 정체성 형성에 긴밀하게 기여하기때문이다. 한 사람의 삶은 마치 다양한 경험이 엮어진 책과 같다. 경험이 쌓일수록 삶이라는 이야기가 풍성해지고, 그 사람만의 개성이 다듬어진다. 하지만 우리가 구매한 물건들이 우리의 정체성을 형성한다고 말할 수 있을까? 물건은 단순히 물건에 불과할 뿐이지, 우리의 내적 자아로 편입되기는 힘들다.

세 번째로, 경험구매를 통해 우리는 타인과 유대감을 쌓을 수 있는 계기를 더 많이 가질 수 있다. 한번 생각해보면 우리가 소유한 물건이 대화의 주제가 되면 그 대화는 불편해지기 쉽다. 누군가는 필연적으로 그것을 소유하지 못했기 때문에 상대방을 시기하거나, 때로는 소외감을 느끼기도 한다. 그런데 경험에 관한 대화는 서로 간의 즐거움과 폭넓은 이야기를 창출한다. 서로의 경험을 나누며 '수다'를 떨 수 있는 것이다. 좋은 사람들과 맛있는 음식을 먹으며 수다를 떠는 상상을 해보라. 경험을 통해 사람들은 무언가를 나누고 유대감을 쌓는다. 함께 맛집에 가거나, 특별한 날 추억을 공유할 수 있는 곳으로 여행을 가는 등의 활동은 서로 간의 유대감을 쌓고 더 깊은 인간관계를 만들게 돕는다.

소유에 고집하며 타인과 비교하는 일이 잦은 사람은 불행할 확률이 높다. 하지만 경험을 중시하고 그 속에서 자기만족과 유대감을 쌓는 사람들은 행복할 확률이 높다. 소유에 집착할수록 자존감은 낮아지기 쉽지만, 경험에 열려 있을수록 자신의 정체성을 구축하고 자존감을 높이기 수월하기 때문이다.

그러니 물질구매보다 경험구매에 지출이 더 많이 나간다고 걱정하고 불안해할 필요는 없다. 단, 시간을 내서 경험한 것들이 사라지지 않도록, 일과 삶에서 성장할 수 있도록 잘 활용해야 한다. 다양한 경험으로 꾸며진 나의 이력서를 보고 많은 사람이 매력을 느끼고 더 많은 기회가 찾아올 수 있으니 말이다.

마지막으로, 최근 1년간 여러분이 소비한 경험의 목록을 한번 살펴보길 바란다. 이전보다 경제적 상황이 나아졌음에도 여전히 불행하다고 생각한다면, 그 이유 중 하나가 늘어난 소득으로 경험을 구매하는 데 인색하고 소유를 늘리는 데 집중했기 때문일 수 있다. 나는 여러분이 물질로 겉모습을 장식하기보다 경험으로 삶의 이야기를 다채롭게 만들어가길 바란다.

스펙에 의지하지 말고
자기 자신에게 의지하라

"대학교에서 배우는 과목은 제가 좋아하는 일과 전혀 관련이 없어요. 그래도 열심히 공부해야 할까요? 그래도 학교를 졸업은 해야할 거 같고… 요즘 다들 대학은 기본적으로 나오잖아요."

고민이 있다며 메세지를 보낸 20대 중반의 대학생이, 자신의 진로에 대한 두려움으로 나에게 위의 질문을 했다. 그는 군대를 막 제대한 후 복학한 상황이었고, 자신을 성찰하는 과정을 통해 좋아하는 일과 잘하는 일을 찾았다고 했다.

하지만, 단순히 좋아하는 일을 하기에는 경험이 부족해 확신이 없고, "대학 졸업장은 무조건 따야 한다. 대학 공부를 열심히 하는 애들이 나와서도 잘 산다. 취직하고 안정적으로 살아야지"라는 부모님과 주변 어른의 말에 마음이 복잡하고 혼란스럽다고 했다.

　그런데 대학교를 졸업한다고 취업이 쉽게 되는 걸까? 교육부 자료에 따르면 2020년 대입가능지원자(47만 9,376명)보다 대학교의 입학생 정원수(49만 7,218명)가 더 많았다고 한다. 이 통계를 보면 누구나 대학을 갈 수 있다는 말이다. 또한 2019년 1월에 발표한 통계청 자료를 확인해보면, 2017년에 일반 대학생의 62.6%만이 취업했다고 한다. 이때 대학 졸업자 수는 대학원 진학자, 입대자, 취업불가능자, 외국인 유학생 등 제외할 수 있는 인정자를 모두 뺀 수치였다. 2017년 대학생이 209만 1,801명이었고, 현역 입영대상자가 26만 4,300명이었던 점도 감안하면, 실제 체감되는 취업자 수는 훨씬 적을 것이다. 이 과정을 통해 대학생의 실질 취업률은 50%를 조금 상회하는 것으로 추측해볼 수 있다. 물론 이렇게 질문하는 분들도 있다. "그건 우리도 알죠. 하지만 명문대는 다르잖아요?"

그렇지만 통계를 보면, 우리나라 최고의 명문대로 알려진 소위 'SKY 대학'과 수도권 소재 상위권 대학의 취업률도 별반 다르지 않다. 대학 알리미 사이트의 공시정보에 의하면 서울대학교의 취업희망자 대비 취업률은 2016년 기준 59.98%이고, 고려대학교는 66.58%, 연세대학교는 59.39%의 취업률을 보이고 있다고 한다.

이제는 명문대라고 특별히 취업에 유리하다고 말할 수는 없는 시대가 된 셈이다. 더욱이 취업자 중 정규직 비율이 35% 수준에 불과하고, 신입사원으로 어렵게 취업하더라도 1년 안에 퇴사하는 확률이 평균 27%다. 명문대를 나와도 백수가 되는 현실을 인식한 고교생들과 재수생들이 대학 진학보다 공무원이 되는 길을 택하면서 노량진의 학원가에는 '공딩'이라는 신조어까지 등장하고 있다.

더욱이 2017년 통계청 경제활동인구조사에 따르면 최종학력에 따른 실업률이 대졸 이상 학력자(4.0%)가 고졸 학력자(0.2%)보다 높다고 나왔다. 한국경영자총협회가 전국 508개 기업을 대상으로 '2012 신규 인력 채용 동태 및 전망조사'를 한 결과에서도 대기업의 전년 대비 채용 증가율에서 고졸(6.9%)이 대졸(2.2%)보다 훨씬 높은 수치로 나왔다.

그렇다면 이번에는 이 질문을 던져보고 싶다. 최소 4년, 약 1억 원의 학비를 지불하면서 대학교에 다녔는데, 취업시장에서 뚜렷한 강점을 갖지 못했다면, 우리가 놓친 기회비용은 얼마나 큰 걸까?

다큐멘터리 프로그램 〈SBS 스페셜〉 466회의 제목은 '대2병, 학교를 묻다'였다. 고등학교 시절과 별 다를 바 없는 생활을 이어가다 전공이 시작되는 2학년이 되면 과연 이 전공으로 사회에 나가 직업을 가질 수 있을지 심각한 고민에 빠지게 되는 시기를 '대2병'이라고 부른다는 것이다.

학생들 대부분은 성적순으로 대학에 입학하고, 본인의 미래와 연관된 전공 선택마저 성적순으로 결정한다. 그리고 뒤늦게 '나는 누구인가' '앞으로 어떻게 살 것인가'를 고민하다 방황하면서 무기력증과 우울증을 호소하기도 하고, 전과나 휴학, 심지어 대학을 그만두기까지 한다. 2015년 학적 변동 대학생 수를 살펴보면 자퇴생은 약 3만 8천여 명, 전과생은 1만 2천여 명, 휴학생은 47만 명에 육박했다. 이화여대 대학 내 언론 매체에 따르면, 대2병을 경험한 학생은 무려 66%에 이른다고 한다.

대학 졸업장을 받기 위해 4년의 시간, 약 1억 원의 돈을 소비하는 데 비해, 학생들이 가지게 된 것은 '세상에 대한 두려움'과 '자신에 대한 의심'인 셈이었다. 자기 주도성 없는 교육으로 개인의 삶이 불행해진 것이다. 그래서 나는 나를 찾아온 대학생에게 '어떻게 하면 스스로 사고하는 힘을 기를 수 있는지'에 관해 말하면서, 그 실마리가 될 수 있는 덴마크의 교육 이야기를 전했다.

세계 행복 지수 1위, 직업의 귀천이 없는 덴마크의 진로 교육은 '어느 대학에 진학하느냐, 어떤 직업을 찾느냐'에 초점이 맞춰져 있지 않다. 대신 초등학생 때부터 대학생이 되기까지 학생들 스스로 끊임없이 다음 세 가지 질문에 대한 답을 내도록 이끈다.

1. 나는 누구인가?
2. 나는 무엇을 원하는가?
3. 나는 무엇을 잘하는가?

덴마크에는 고등학교 입학 전과 대학 입학 전, 인생의 방향을 고민하고 쉼표의 시간을 가질 수 있는 인생학교가 존재한다. 인생학교에서 학생들은 노래하는 삶, 정치를 공부하는 삶, 인간의 심리를 공부하는 삶을 꿈꾼다. '삶'을 그려보는 것이다. 그렇다 보니 고등학교를 졸업한 후에도 하고 싶은 일이나 공부에 대한 확신이 생기지 않으면 조급해하지 않고, 짧게는 1년 길게는 3년 정도의 갭이어를 가지면서 자신을 돌아보는 학생들이 많다고 한다.

우리는 정작 대학교를 다닐 때, 아니 직장생활을 할 때 저 세 개의 질문을 떠올려 본 적이 있을까?

심리학자 프리츠 펄스는 자신의 욕구를 정확하게 파악하지 못하는 사람은 삶이 혼란스럽게 느껴질 수밖에 없다고 얘기한다. 자신의 욕구를 모르니 어디를 가도 무엇을 해야 할지 모르고 삶을 낭비한다는 것이다.

우리 사회는 개인의 욕구와 욕망을 억누르는 경향이 강하다. 자신의 욕망보다는 다른 사람에게 비춰지는 모습에만 치중하여 삶을 살아가는 경우가 많다. 교사나 학부모, 학생 모두 '학교 성적으로 어떤 대학을 갈 수 있을지'에만 초점을 둔다. 그렇기 때문에 치열하게 공부해서 입학한 대학에서도 여전히 자신이 어떤 길을 가야 할지 갈피를 못 잡고 있었던

삶이 계속 달라지지 않는다는 당신에게

건 아닐까?

대학에 의지하는 것이 아니라,
자기 자신에게 의지해라

쇼핑몰을 운영하고 있지만 주말에는 자기 집을 에어비앤비로 운영하는 A 씨, 주중에는 프로그래머로 일하며 주말에는 포토그래퍼가 되는 B 씨. 조금만 주변을 돌아보면 '대학교 졸업-대기업 취업'이라는 길이 유일한 성공이라고 말하기 무색할 정도로, 정말 다양한 인생과 다채로운 성공 스토리를 찾을 수 있다.

또 한 가지 직업이 아니라 두 가지 이상의 직업을 지닌 사람도 많다. 나 또한 글을 쓸 뿐만 아니라, 출판사를 운영하고, 온라인 강의도 찍으며, 틈틈이 강연도 한다. 주변 지인 중에는 5개의 직업을 가진 사람도 있다.

이러한 삶을 영위하는 사람들의 공통점은 자신이 누구이고, 무엇을 좋아하고, 무엇을 잘하는지, 그리고 그것으로 어떻게 자아실현을 하고 싶은지를 명확하게 알고 실행한다는 데 있다. 단순히 돈만 보거나, 남들을 따라 좋아 보이는 길을 걷다 보면, 어느 순간 한계에 부딪히게 된다.

이러한 고민을 묻는 분들에게 나는 당신의 강점이 뭐냐는 질문을 항상 한다. 그러면 대답하지 못하는 경우가 많다. 개개인의 장점보다는 정해진 일만 충실하게 해내고, 그 이외에 자신을 알아가는 과정을 충분히 겪어보지 못했기 때문이다.

물론 무언가를 포기한다는 것은 굉장히 두렵다. 하지만 더 두려운 것은, 내가 지금 회피하고 불편해하는 것들이 시간이 지나면 더 커져서 나 자신을 덮친다는 것이다. 대학교 졸업장이 내가 가고자 하는 길에 반드시 필요하다면 졸업을 하는 게 맞다. 하지만 '졸업은 해야 될 것 같아서…'라고 생각한다면, 4년의 시간과 약 1억 원의 돈을 감수할 가치가 있는지 진지하게 고민해봐야 한다. 인생의 길은 하나가 아니다. 그리고 우리 모두에게는 지금보다 더 나은 길을 걸어갈 수 있는 잠재력이 충분하다.

Chapter 4

좋아하는 일로
연봉 3억 원의 사업가가 될 수 있었던
5단계 과정

덕 '業' 一致

덕업일치의 라이프를 지속하기 위해 마지막으로 알아야 할 5가지를 소개한다. 원하지 않았던 일을 하며 남들이 시키는 대로 살았던 흙수저의 삶에서, 좋아하는 일을 하며 비전을 갖고 살게 된 연봉 3억 원의 사업가가 되기까지, 가장 중요하게 생각해온 5가지 단계를 살펴본다.

단기적인 열정과
장기적인 열정을 구분하라

나는 지금까지 수많은 사람과 일해왔고, 앞으로도 일을 해나갈 것이다. 그래서 나는 항상 열정의 단기성과 장기성에 대해 생각하고 경계한다. 나의 SNS 계정에 업로드된 콘텐츠와 지금까지 내가 이뤘던 성취를 보고 덜컥 연락을 해오며 "간절합니다. 만나주세요"라고 말하거나, "뭐든 다 하겠습니다. 비용을 안 받아도 되니 같이 일해보고 싶습니다"라고 말하는 사람들이 있다.

예전에는 이렇게 만남을 요청하는 사람들을 모두 만나

고, 또 어떻게든 같이 일해보려 시도했었다. 그러나 이런 사람들 상당수가 '간절한 척'이거나, '열심인 척'하는 경우가 많았다.

겉으로 보이는 내 모습에 이끌려 '저 사람처럼 되면 성공할 수 있지 않을까'라는 일시적인 감정에 취한 것이다. 말이 과하다고 해도 어쩔 수 없다. 예를 한 번 들어보겠다. "뭐든 다 하겠습니다. 비용을 안 받아도 상관없습니다. 잠도 안 자겠습니다. 같이 일하게만 해주세요"라고 한 사람에게 내가 진짜로 월급도 지급하지 않고, 출퇴근 시간도 따로 두지 않으며 계속 일만 시킨다면 어떨까? 나를 신고하지 않는다면 다행이다. 절대로 그렇게 사람을 고용해서도 안 되며, 이런 태도로 나에게 접근하는 사람들을 조심하고 경계해야 한다. 그들은 대부분 단기적인 열정에 휩쓸린 경우이기 때문이다.

앞뒤 재지 않고 무조건 "간절하다"고 외치는 사람일수록 현재의 감정에 잠식되어 있을 확률이 높다. 삶이 이렇게 어렵고 힘든데 '뭔가 일이 잘 풀리는 사람 옆에 있으면 나도 잘 될 수 있겠지'라고 생각하는 것이다. 그러나 내가 그 사람에게 줄 수 있는 건 딱히 없다. 시간과 열정뿐이다. 나는 일단 이렇게 연락이 오는 사람들에게 '생각만 품지 말고 일단 행

좋아하는 일로 연봉 3억 원의 사업가가 될 수 있었던 5단계 과정

동부터 해보라'라고 메시지를 보내곤 했지만, 답신이 오지 않는 경우가 대부분이었다. 단기간에 바뀔 수 있는 무언가를 얻지 못했다는 사실에 시무룩해져서 '역시 나는 안 되나 봐'라며 다시 일상으로 돌아간다.

자신이 힘든 상황을 구구절절하게 말하는 사람들도 있다. 상대방의 눈물샘이나 감동 버튼을 어떻게든 자극하려는 경우다. 물론, 정말 안타깝고 힘든 사례도 있다. 하지만 자신의 힘든 상황만 나열하고 "도와주세요"라고 말하는 사람들을 만나야 할 이유는 없다. 세상에는 힘들어도 자신의 힘으로 이겨내려고 노력하는 사람도 많다. 만약 자신의 어려움을 극복하기 위한 노력을 했는데 잘 안 됐는지 언급하거나, 그 과정에서 무엇을 알게 되고 깨닫게 되었는지 구체적으로 말했다면 훨씬 더 와닿았을지도 모른다.

나는 이렇게 도움을 요청한 분들과 같이 일을 한 적이 여러 차례 있다. 대부분 2~3일 정도는 열심히 일한다. 그러나 그 이후로는 정말 놀랍게도 비슷한 모습을 보인다. 자신이 '생각했던' 것보다 일이 힘들고, '생각했던' 것보다 쉽지 않다는 것을 알게 되면, 처음에 나에게 보여줬던 그 뜨거운 열정은 놀랍도록 바닥으로 고꾸라진다.

'감정은 일시적이지만 결과는 영원하다'라는 말이 절로 떠오른다. 그런데 장기적인 열정을 가진 사람들은 다르다. 그들은 나에게 늘 두 가지를 먼저 보여줬다. 첫 번째는 자신이 어떤 걸 가졌는지, 그리고 그 가진 무기로 나에게 어떤 도움을 줄 수 있는지 논리적으로 설명한다. 그리고 그 결과를 꾸준히 인증한다. 아래는 내가 받은 메일들을 정리한 것이다.

단기적인 열정러:

'안녕하세요. 대표님. 대표님에게 너무 많은 영감을 받고 있는 사람입니다. 저는 현재 너무 어렵고 힘든 상황입니다. (이하 상황 설명). 그래서 부자가 되어야 합니다. 대표님을 뵙고 대표님 곁에서 배우고 싶습니다. 돈을 안 주셔도 됩니다. 잠 안 자고 열심히 배우겠습니다. 한 번만 만나주십시오.'

장기적인 열정러:

'안녕하세요. 대표님. 저는 ○○일을 하는 ○○입니다. 대표님의 영상과 콘텐츠를 보며 느끼는 게 굉장히 많았습니다. 특히 저는 부자가 되려면 상대에게 어떤 걸 받을 수 있을지 생각하지 말고, 상대에게 어떤 걸 줄 수 있을지부터 고려하라는 콘텐츠에 많은 영감을 받았고, 제가 20년 넘게 갖고 살던 고정관념을 깨뜨릴 수 있었습니다. (특정 콘텐츠 언급으로, 상대로 하여금 '나를 정말 특별하게 생각하는구나'라는 인상을 준다.) 그래서 저는 대표님께 조심스럽게 이런 제안을 드리고 싶습니다.

첫 번째, 저는 OO를 잘합니다. 현재 대표님의 OO를 지켜본 결과, 너무 좋은데 2% 아쉬운 부분이 있었습니다. 저는 그 부분을 확실하게 채울 수 있는 사람입니다.

두 번째, 제가 OO를 했을 때 결과에 대한 이익률을 대표님과 공유하고 싶습니다. 아직 시작하지도 않은 단계지만 이건 대표님에게 드리는 작은 약속입니다.

세 번째, 대표님의 좋은 포트폴리오가 되고 싶습니다. 저는 단기적인 감정에 휩싸이거나 취하는 사람이 아닙니다. 일에 있어 가장 중요한 건 감정이 아니라 결과라고 생각합니다. 주별 계획을 세우고, 그 계획 달성률을 공유드리며 수치화시켜 보여드리겠습니다.

제가 해온 일들을 정리해서 파일로 첨부했으니 한번 확인해보시고 연락 부탁드립니다. 감사합니다.'

어떤가? 만약 두 사람 중 누군가를 만나 당신의 성공 노하우를 알려줘야 한다면, 당신은 누구를 더 만나고 싶은가? 당연히 자신의 능력과 도움이 필요한 부분을 체계적으로 전달하는 '장기 열정러'일 것이다. 지금 당신은 어떤 열정을 갖고 있는가?

당신이 누군가에게 도움을 청하고자 한다면 단기적인 열정을 내뿜으며 자신의 간절함으로 상대에게 부담을 주기보다는, 논리적이고 상대에게 도움되는 제안을 통해 삶을 점진적으로 발전시켜 나가길 바란다.

인생에서 반드시
없애야 할 세 가지

모든 걸 다 갖고 태어난 사람과 아무것도 잘난 게 없는 사람. 과연 누가 성공할 확률이 더 높을까? 반전은 없다. 당연히 전자의 성공 확률이 높을 것이다. RPG 게임에서 좋은 갑옷과 무기를 들고 몬스터를 잡는 캐릭터와, 맨몸과 맨손으로 몬스터를 잡는 캐릭터를 생각해보라. 그 차이다. 그러나 여기서 우리가 반드시 기억해야 할 것이 있다. 경제적 가난보다 '정서적 가난'이 훨씬 더 위험하고 극복하기 힘들다는 것이다.

돈이 없다면 돈을 벌기 위해 일하며 돈을 모으면 된다. 지식이 없다면 시간을 효율적으로 쓰며 지식을 쌓기 위해 공부하면 된다. 외모가 마음에 들지 않는다면 열심히 운동해서 탄탄하게 관리된 몸을 만들거나, 콤플렉스인 부분을 시술하거나 성형하면 된다. 정말 간단하게 해결된다. 이렇게 자신의 부족한 점과 단점을, 강점과 장점으로 바꾸기 위해 노력하는 사람들은 100% 성공하게 되어 있다. 그러나 문제는 이런 적극성을 가지고 행동하는 사람들이 드물다는 것이다.

결국 경제적 가난이 정서적 가난으로까지 이어지는 경우가 많은데, 그 이유는 다음과 같다. 무언가를 하는 데 있어 생각의 크기가 다르기 때문에 그 차이가 점점 벌어지는 것이다. 예를 들어보자.

A는 어떤 일을 하든 부모님의 전폭적인 지원을 받는다. 어떤 걸 배우든, 어떤 집에 살든, 어떤 차를 사든 부모님이 다 지원해주신다. 그렇기에 A는 자신이 하고 싶은 것에 제약을 두지 않는다. 가격을 신경 쓰기보다는 나에게 주어지는 '이익'과 '만족감'에 초점을 맞춘다. 그러나 B는 집안 형편이 어려워 본인이 모든 걸 해결해야 한다. 어떤 걸 먹든, 어떤 걸 입든, 어떤 걸 공부하든 본인이 주체적으로 결정할 수는

있지만, 그 책임도 오롯이 본인이 져야 한다. 그렇기에 B는 자신에게 주는 '이익'과 '만족감'보다, 당장 오늘과 내일의 일을 먼저 생각한다. 질보다는 가성비에 집중하고, 본인이 진짜 원하는 것보다는 경제적으로 덜 부담되는 것을 선택한다.

물론 충분히 이해된다. 나도 그랬던 시절이 있으니까. 그런데 문제는 이런 결정을 계속하다 보면 결국 정서적 가난으로 이어지게 된다는 것이다. 가성비의 뜻은 '가격 대비 성능'이다. 소비자가 지급한 가격에 비해 제품 성능이 소비자에게 얼마나 큰 효용을 주는지를 나타내는 것인데, 이 가성비를 계속해서 좇다 보면 내 시간과 열정을 낭비하게 된다.

원래 2만 원 하는 치킨이 오늘만 1만 원으로 할인행사를 한다고 하면, 그 가게 앞은 손님으로 문전성시를 이룰 것이다. 가게 앞에서 몇 시간이고 대기하는 사람들의 심리는 뭘까? '2만 원짜리 치킨을 기다려서 1만 원에 먹는다면 이건 정말 가성비가 좋은 거야'라고 생각할지도 모른다. 하지만 그들이 간과하는 것이 있다. 바로 자신의 시간과 열정을 계산에 넣지 않은 것이다. 그들은 1만 원을 아끼기 위해 자신의 1~2시간은 아무렇지 않게 버린다. 시간이 촉박해 약속 장소에 늦게 도착할 것 같은 상황이다. 택시를 타면 제시간에 도착할 수 있는데, 이들은 약속 시간을 지켜 상대방에게 신용과 평판을 잃지 않는 것보다 당장의 택시비 몇천 원이 더 중요하다. 그래서 구태여 오래 걸리는 대중교통을 타고 가 상대방의 시간을 소비하고 신용을 깎아 먹는다.

이런 생활과 습관이 반복되면 결국 주변에는 그런 생각과 가치관을 가진 사람들밖에 남지 않는다. 그토록 벗어나기 어렵다는 '가난의 굴레'에 빠지게 되는 것이다. 지금 당신이 간절히 성공을 바란다면, 그리고 가난의 굴레에 빠지고 싶지 않다면 반드시 인생에서 없애야 할 세 가지가 있다.

첫째, 안정성을 없애라. 사람들이 나에게 자주 하는 질문이 있다. "제가 현재 안정적인 직장을 다니고 있는데, 다른 일을 하고 싶습니다. 그런데 금전적으로 어려움이 생길까 걱정입니다. 직장을 다니며 열심히, 잘 준비해서 나가고 싶은데 어떻게 생각하세요?" 그럼 나는 항상 이렇게 말한다. "직장을 다니며 안정적으로 무언가를 시작하는 사람과 벼랑 끝에 몰려 간절하게 무언가를 시작하는 사람의 마음가짐은 다를 수밖에 없습니다."

나와 전혀 다르게 생각하거나 내 의견에 동의하지 않는

좋아하는 일로 연봉 3억 원의 사업가가 될 수 있었던 5단계 과정

사람이 있을 거라는 사실을 잘 알고 있다. 그러나 나는 이 방식으로 내 삶을 놀랍게 바꿨고, 실제로 안정성을 없애는 방식으로 무언가를 성취하는 사람들이 꽤 많다는 사실을 알게 됐다. 실제로 베스트셀러 작가이자 서울대 출신 변호사, 사업가인 임현서 대표도 자신의 저서《위기주도학습법》에서, 이 부분을 중점적으로 다룬다. 인간의 의지는 굉장히 나약하고 허약해서 특정한 상황을 만들어주고 몰아붙이지 않으면 그 의지는 쉽게 꺾일 수밖에 없다는 것이다.

실제로 나도 직업군인으로 10년을 살며 이뤘던 성취보다, 제대한 뒤 3년 동안 이룬 성취가 훨씬 더 많다. 그만큼 간절하고 절박했기에 성장할 수 있었던 것이다. 안정적인 것, 물론 좋다. 하지만, 안정성의 맹점은 바로 '적당히'에 있다. 조금 위험하거나 부담이 되는 건 절대 하지 않고 나에게 부담이 되지 않는 선에서 아주 조금씩 조금씩 무언가를 시도한다.

인생이 주식이라면 그렇게 우량주에 투자하며 안정적으로 적은 수익을 얻는 게 맞겠지만, 현재 이 책을 보는 사람들은 대부분 가치주, 성장주일 것이다. 가치주와 성장주는 가치주와 성장주답게 가치와 성장에 초점을 맞춰야 한다.

두 번째, 변명을 없애라. 내가 함께 일하고 싶어 하는 사람의 기준은 바로 "해보겠습니다"라고 말할 줄 아는 사람이다. 이건 나에게도 해당된다. 나는 직업군인이었고, 카피라이팅에 대한 지식도 없거니와 글을 제대로 써본 적도 없었고, 콘텐츠 제작은 물론 영상 편집을 어떻게 하는지 아무것도 몰랐던 사람이다. 그런 내가 지금은 모든 것들을 다룰 줄 알고 그를 통해 수익을 내고 있다.

'시간이 없어서…' '전공이 아니라…' '나이가 많아서…' 상대가 나에게 기회를 주고 좋은 제안을 했을 때, 단순히 '지금까지 안 해봐서'라는 이유로 그 기회와 제안을 거부한다면, 당신은 바보다. 어떤 것이든 배우면 된다. 어려운 건 있지만 불가능한 건 없다. 안 해본 무언가를 하는 건 당연히 힘들다. 하지만, 당장의 힘듦을 견디지 못해 익숙한 것만 찾는다면, 발전과 성장의 기회는 영원히 오지 않는다.

마지막으로, 사람을 없애라. 사람을 없애라는 의미는 크게 두 가지로 다시 말할 수 있다. 첫째로 무언가를 시작할 때 굳이 사람을 끼고 할 필요는 없다. 무언가를 시작할 때 누군가의 도움을 받는 건 좋지만, 과해지면 그 사람에게 의존하게 되고 자연스레 나의 능력은 약해진다. 그러니 처음부터 도움받을 생각보다는 주도적으로 무언가를 찾아서 해낼 고민부터 하자. 결국 내가 무언가를 해낼 능력이 되면, 나에게 기회를 주거나 협업을 제안할 사람들은 알아서 모이게 된다.

두 번째 오래된 인연이라도 나에게 부정적 영향을 주면 과감히 끊어내라. 나에게 부정적인 에너지와 좋지 않은 영향을 주는 걸 알면서도 사람을 끊어내지 못하는 이유는 명확하다. 오랜 시간을 함께 보냈고 그 사람과 좋았던 추억이 많았을 테니 말이다. 하지만 성공은 '정情'으로 이뤄지지 않는다. 나도 마찬가지다. 더 나은 내가 되고 싶었고, 더 멋진 인생을 살고 싶었기에 익숙하고 친했던 사람들과 보내는 시간을 줄이고, 성공한 사람들, 성공할 사람들과 많은 시간을 보냈다.

나 또한 처음에는 끊지 못하고 속으로 끙끙 앓았지만 과감하게 끊어내니 생각보다 훨씬 더 편하고 삶이 행복해졌다. 명심하자. 썩은 지 오래된 나뭇가지는 과감히 잘라내야 한다. 그래야 그 자리에 새롭고 건강한 가지가 무럭무럭 자라나게 될 것이니.

스스로의 레벨을
올려라

어린 시절 나는 '바람의 나라'라는 게임을 즐겼었다. 1980~90년대 초반생이라면 대부분 아는 게임일 텐데, 우습게도 나는 이 게임을 하며 '이게 인생이구나'라는 걸 어린 시절부터 깨달았었다.

레벨이 낮은 캐릭터들이 가는 사냥터에서, 나는 나름 좋은 무기를 들고 열심히 몬스터를 잡고 있었다. 그런데 아무 무기도 들지 않은 캐릭터 한 명이 등장하더니, 그냥 주먹질 한 번에 몬스터를 잡는 게 아닌가. 내가 무기를 들고도 최소

좋아하는 일로 연봉 3억 원의 사업가가 될 수 있었던 5단계 과정

한 100번은 휘둘러야 잡을 수 있는 그 몬스터를 말이다. 알고 보니 그 캐릭터는 레벨이 정말 높았고, 심심풀이 삼아 초보 사냥터에 놀러온 것이었다. 무기도 없고 갑옷도 없었지만 몬스터들은 그 캐릭터에게 어떤 위협도 가할 수 없었다. 뭐든 압도할 만큼의 실력과 강력함이 있었기 때문이다.

인생도 이와 마찬가지다. 나는 어떤 분야든 1% 안에 든 사람은, 다른 분야에서 일해도 최소한 10% 안에 들 수 있다고 믿어 의심치 않는다. 예를 들어 현재 내가 출판 분야에서 1% 안에 들었다면, 보험 영업을 하거나 자동차 영업 혹은 고깃집을 한다고 해도 최소한 10% 안에는 들 수 있다는 말이다. 누군가는 반론을 할 수 있다. "고깃집하고 출판사하고 같습니까?" "영업이랑 출판은 다르죠. 글만 쓰는 사람이 어떻게 발로 뛰어다니는 영업을 할 수 있다고 자신하나요? 너무 오만한 거 아닙니까?" 물론 이해한다. 그 사람의 세상에서는 그게 한계일 수 있으니.

하지만, 출판사에서 1% 안에 들기 위해서는 단순히 글'만' 잘 쓴다고 되는 게 아니다. 오프라인 서점을 매주 돌아다녀야 하고, 매일 매일 판매량을 체크하고 마케팅 계획을 세워야 하며, 저자들과 계속해서 좋은 관계를 맺기 위해 주기적으로 연락하고 지내야 한다.

좋은 디자이너와 편집자를 찾기 위해 끊임없이 샘플 디자인과 원고를 받아봐야 하며, 기한 내에 해준다는 약속을 주기적으로 어기는 프리랜서에게는 하기 싫은 소리도 해야 하고, 심할 경우 같이 일하지 않겠다라는 통보도 해야 한다.

어떤 분야의 1%들은 단순히 하나만 잘한다고 되는 것이 아니다. 그들은 인사 관리, 마케팅, 뚝심, 커뮤니케이션 등 다양한 분야의 전문가인 것이다. 그리고 자신의 사업을 하며 쌓았던 노하우와 인사이트를 고깃집에 적용하거나 보험 영업에 적용하면 된다.

1%가 되기 위한 레벨업 과정은 결코 쉽지 않다. 본인이 지금까지 옳다고 생각했던 가치관을 다 부숴야 하며, 때로는 배우기 싫은 사람에게 고개를 숙이며 무언가를 부탁해야 한다. 그러나 이 모든 과정은 충분히 의미가 있다. 그렇다면 내가 이토록 강조하는 셀프 레벨업*SELF-LEVEL UP*은 어떻게 해야 가능할까? 어떻게 효율적으로 삶에 적용할 수 있을까? 방법은 다음과 같다.

우선, 자신감과 능력을 혼돈하지 마라. 더닝 크루거라는 효과가 있다. 인지 편향의 하나로 능력이 없는 사람이 잘못

좋아하는 일로 연봉 3억 원의 사업가가 될 수 있었던 5단계 과정

된 판단을 내려 결론에는 도달하더라도, 능력이 없기 때문에 자신의 실수를 알아차리지 못하는 현상을 말한다. 능력이 부족한 사람들이 스스로에 대한 메타인지(자신이 무엇을 알고 무엇을 모르는지 정확히 아는 능력)가 없어, 실수나 실패를 인지하지 못하고 여전히 그 잘못된 방식을 답습하는 얘기다.

예를 한 번 들어보겠다. 평생 월 5백만 원도 벌어보지 못한 직장인이 '부자들이 돈 벌기 위해서는 무조건 사업하면 된다더라. 난 6달 뒤에 월 1억 원을 벌 거야. 돈 버는 거 참 쉬운 거 같아!'라고 말한다면 듣는 사람들은 어떻게 느낄까? 분명 대부분은 코웃음을 치거나 황당한 시선으로 그를 바라볼 것이다. 왜 그럴까? 중간 과정이 없기 때문이다.

사업자를 내보지도 않았고 한 번도 물건을 팔아본 적 없는 사람이 유튜브나 인스타그램에서 부자들이 얘기하는 짤막한 영상 콘텐츠를 보고는, '돈 버는 거 쉽네'라는 이상한 자신감을 가지는 경우다. 누누이 말하지만 이건 능력이 아니다. 그리고 이런 근거 없는 자신감은 금방 사라진다.

일하면 일할수록 자신이 아직까지 능력이 부족하고, 갈 길이 멀다는 것을 잘 알게 되기 때문이다. 그렇기에 스스로의 레벨을 정확하게 아는 게 중요하다. 10단계를 설정해놨을 때 내가 몇 단계 정도의 사람인지 정확하게 파악하고 있어야 한다는 것이다.

세계 최고의 축구 선수이자 월드 클래스인 리오넬 메시. 월드 클래스인 그조차도, 자신이 가장 자신 있어 하고 잘하는 공격에 신경 쓰지, 수비에는 크게 관여하지 않는다. 본인이 어떤 걸 잘하고, 자신 있어 하며 어디에 시간을 쏟아야 할지 정확히 알고 있기 때문이다. 이 단계를 정확하게 아는 방법은 단 하나다. 끊임없이 질문하는 것이다.

'내가 지금 놓치고 있는 건 뭘까?'

'나는 어떤 강점이 있고, 어떤 약점이 있을까?'

'내가 강점이라 생각했던 부분이 되려 약점이지는 않을까?'

다음으로 인생 레벨업을 꿈꾼다면, 부정적 열등감과 긍정적 열등감을 구분해야 한다. '남들과 비교하지 마! 비교는 불행의 씨앗이야!'라는 말을 많이 들어봤을 것이다. 물론 나도 이 말에 100% 동의한다. 의미 없는 비교는 나를 갉아먹고, 초라하게 만든다. 그러나 때로는 비교가 나에게 득이 될 때도 있다. 나는 이걸 '긍정적 열등감'이라고 표현한다. 나와

좋아하는 일로 연봉 3억 원의 사업가가 될 수 있었던 5단계 과정

비슷한 시기에 시작했지만 나보다 더 잘하고 있는 사람들을 보며, 좌절과 실망감, 초라함을 느끼는 게 아니라, '저 사람도 해냈으니 나도 할 수 있어'라는 마음가짐을 갖고, 어떤 걸 했길래 더 뛰어난 결과를 얻을 수 있었는지 분석해보는 것이다.

'같은 시간을 썼는데 저 사람과 나의 결과가 다른 이유는 뭘까? 나보다 더 효율적이고 집약적인 프로세스를 적용했기에 당연히 결과가 좋게 나왔겠지? 그렇다면 어떤 방법을 사용했는지 한 번 알아볼까? 저런 상황에서 어떻게 저런 성과를 냈을까? 저 사람도 했으니 분명 나도 할 수 있을 거야.' 이런 생각을 품는 것이 긍정적 열등감이다.

결국 현재 나의 상황과 능력을 제대로 파악하고, 그 뒤 어떻게 그 능력과 상황을 발전시키고 이용할 것인지에 대해 계속해서 생각하고 노력하다 보면, 그 어떤 경우에서도 놀라운 결과를 발휘할 수 있는 무결점 캐릭터가 될 것이다.

4

소비자가 아닌
생산자가 되어라

내가 군대에서 가장 많이 들었던 얘기가 있다. "요즘 사회가 얼마나 힘든 줄 알아? 내 주변에 사업하는 사람들 다 죽는 표정이야. 이렇게 힘들고 안 좋을 때는 이렇게 안정적인 직업을 갖고 있는 게 최고야." 물론 틀린 말은 아니다. 실제로 내가 2020년에 제대했을 때 하필 코로나가 터져, 하려했던 일과 계획이 몽땅 빠그라지며 고생을 많이 했었다. 나름대로 방법을 찾으려 했지만 길이 보이지 않았고, 그러다 보니 스스로에 대한 자기 확신이 차츰 사라져갔다.

나름대로 글쓰기 클래스도 시도해봤지만 수강생이 모이지 않았고, 실제로 한 달에 80만 원도 벌지 못해, 반지하에 살며 '오늘은 만 원만 쓸 수 있을까?'라는 고민을 하며 보내던 날이 많았다. 분했다. 정말 분했다. '보란 듯이 잘살고 싶어서 제대했는데, 왜 나는 이렇게밖에 살지 못하는 것일까? 뭐가 문제일까?'라는 질문을 계속해서 던졌다. 그때 우연히 지금도 내가 귀인이라고 여기는 손힘찬 작가를 만났다. 손힘찬 작가는 자신의 출판사에서 일해보는 게 어떻겠냐는 말을 건넸고, 지푸라기라도 잡아야 했던 나는 그렇게 출판사 마케터로 일을 시작하게 됐다.

32살, 출판사 첫 월급 200만 원. 10년의 군생활 뒤 첫 사회생활 내 몸값이었다. 200만 원이 그때 당시 나의 가치이고 현실이었다. 내가 할 수 있는 일은 능력을 입증해서 나의 몸값을 부지런히 높이는 일이었다. 처음에는 많이 힘들었다. 출판사의 마케팅 구조를 파악해야 했고, 회사가 어떻게 돌아가는지 파악해야 했다. 신간이 출간되면 그에 맞춰 마케팅 기획을 했고, 판매량을 확인하며 계속해서 계획을 수정해나갔다.

그때 출판사에서 일하며 나는 정말 많은 것을 배웠다. 첫

일생에 단 한번은 독기를 품어라

번째는 지금까지 나는 생산자가 아닌 소비자의 관점으로 살았다는 것이었다. 쿠팡, 네이버, 11번가 등 수많은 전자상거래 플랫폼이 있지만, 항상 누군가가 올려놓은 물건을 사기만 했지, 단 한 번도 팔아보려는 시도조차 하지 않았었다. 물건을 파는 건 왠지 특별한 사람만이 하는 것이라 생각했고, 지금까지 안정적인 월급을 받으며 주어진 일만 했던 나에게는 어울리지 않는 일이라 생각했다.

두 번째는 팔리는 상품이 아니라 팔리고 싶은 상품을 팔았다는 것이다. 내가 80만 원을 벌며 힘들게 살았던 시절을 생각해보면, 나는 글쓰기 클래스를 통해 사람들이 글을 쓰기 시작하고 행복해지는 경험을 하길 바랐다. 소소한 일상의 행복을 발견하고 글로 쓰는 기쁨이 컸으면 좋겠다는 작은 바람이 있었다. 하지만 이 클래스가 지속될 수 없었던 이유는 단 하나였다. 사람들이 사고 싶은 상품이 아니었기 때문이다. 인풋이 있으면 아웃풋이 있어야 하는데, 두드러진 아웃풋이 없고 글을 쓰면 단순히 '좋아질 것이다' '힐링될 것이다'라는 감성에 그치니, 시간을 들여 글쓰기 클래스를 들을 이유가 없었다.

그러다 보니 처음에 인스타그램 팔로워를 활용해 모았던

좋아하는 일로 연봉 3억 원의 사업가가 될 수 있었던 5단계 과정

인프라도 고갈됐고, 한 달 수강생이 2명밖에 안 될 때도 있었다. 그러나 출판사에서 일하며 '팔리는 글쓰기'를 깨닫게 됐고, 그렇게 콘텐츠를 만들고 글을 쓰다 보니 자연스레 사람들이 모여들기 시작했다. 책 광고 콘텐츠를 만들고, 피드에 올리면서 계속해서 광고 제안이 쉴 새 없이 들어왔다. 그이전에는 몇 년간 인스타그램을 하면서도 광고를 받은 적이 손에 꼽았는데, 단 2달 만에 그렇게 달라진 것이다.

그렇게 나는 출판사 입사 3달 만에 월 1천만 원을 달성하고, 2022년 화제의 베스트셀러《잘 살아라 그게 최고의 복수다》를 출판했다. 현재는 마인드셋 출판사를 운영하며 안정적으로 연봉 3억 원 이상을 벌고 있 다.

당신의 지금 소득을 몇 배 이상으로 성장시키고 싶다면 몇백, 몇천만 원의 고급 컨설팅을 들을 필요도, 관심을 가질 필요도 없다. 소비자의 관점에서 생각하는 생산자가 되기, 팔리고 싶은 상품이 아닌 팔리는 상품을 팔기. 이 두 가지만 충분하다. 단언컨대 이 두 가지만 지키고 삶에 적용한다면 당신의 삶도 놀랍게 달라질 것이다.

Tip. 팔리고 싶은 상품 vs. 팔리는 상품

• **팔리고 싶은 상품의 예:**

'이 상품으로 말할 거 같으면 ○○ 부분이 좋습니다. 그리고 ○○도 너무 좋고요. 모든 게 뛰어난 상품이니 구매하시지 않으면 후회하실 겁니다.

• **팔리는 상품의 예:**

'인터넷에서 물건을 사본 적이 있으시죠? 그때 사진은 더없이 아름다웠는데, 실물을 받아봤을 때 실망한 적이 많지 않으신가요?

저도 그랬습니다. 예상과 너무 다른 실물에 실망하고 후회한 적이 한두 번이 아니었죠.

뿐만 아니라 환불이나 반품도 쉽지 않습니다. 그럴 걸 예상한 듯, 과정 자체가 굉장히 까다롭죠. 하지만 저희는 단언컨대 그런 상품을 판매하지 않습니다. 만약 실물과 다르다면 보장하겠습니다.'

팔리는 상품을 소개하기 위해서는 소비자가 물건을 살 때 가장 걱정하는 부분을 서두에 다룸으로써, 공감과 설득을 이끌어내야 한다. 이 방식은 모든 상품에 유효하다.

상위 기버가
되어라

"부자가 되기 위해서는 많이 베풀어야 한다." 내가 항상 가슴에 새기고 사는 가치관이다. 누군가는 이렇게 말할 수도 있다. "내 몫도 제대로 못 챙기면서 남들에게 베풀면 그게 무슨 소용이야?" 물론 그렇게 생각할 수도 있다. 하지만 실제로 크게 성공한 사람은 대부분 '기버*Giver*(주는 사람)'였다.

와튼스쿨 조직심리학 교수 애덤 그랜트가 쓴 책 《기브 앤 테이크》에서도 이 내용을 다루고 있다. 기버들은 상호관계에서 무게의 추를 상대방 쪽에 두고, 받은 것보다 더 많이 주기를 좋아한다. 하지만 여기서 맹점이 있다. 기버에도 '하위 기버'와 '상위 기버'가 있다는 것인데, '하위 기버'는 자신의 이익에 대한 관심은 없지만, 타인의 이익에 대한 관심은 높은 유형이다. 반대로 '상위 기버'는 자신의 이익에 대한 관심도 있고 타인의 이익에 대한 관심도 높은 유형이다. 그래서 부자가 되기 위해 상대방에게 많이 베풀되, 그 베풂이 나의 이익으로도 이어지게 유도한다. 나의 경우로 예를 한 번 들어보겠다.

내 SNS 계정이 커지고 영향력이 생기면서 나에게 도와달라고 요청하는 사람들이 많다. 집안 형편이 너무 힘드니 돈을 어느 정도 빌려주면 꼭 갚겠다고 말하는 사람이나, 일자리를 알아봐주면 열심히 일하겠다고 하는 사람 등 다양한 방식으로 나에게 연락이 온다. 물론 사정이 딱하고 도와주고 싶다. 실제로 예전에도 못 돌려받을 줄 예상하면서도 돈을 빌려준 적이 있었다. 그러나 이런 사람들을 내가 그냥 선의로 도와준다면 그건 내 이익을 전혀 고려하지 않은 것이기에, '하위 기버'의 행동을 한 게 된다. 이때 '상위 기버'가 되기 위해서는 하나만 더 고려하면 된다.

'도와주고 싶다'라는 감정에 휩쓸리기 전에, 그 사람을

좋아하는 일로 연봉 3억 원의 사업가가 될 수 있었던 5단계 과정

도와줬을 때 내가 얻을 수 있는 이익을 한번 고려해보는 것이다. 너무 계산적이고 냉정하지 않느냐라고 반문할 수도 있지만 어쩔 수 없다. 대가 없는 도움은 무의미하다.

누군가에게 대가 없는 도움을 베풀기보다는 항상 그 도움을 베풀었을 때 여러분이 얻는 이득을 생각해야 한다. 그때 감정적이든 물질적이든 나에게도 도움이 된다고 여겨졌다면 확실히 베풀어라. 실제로 나는 함께 일하는 직원들의 사기를 독려하기 위해 단순히 월급뿐만 아니라 직원들이 함께 성장할 수 있게 인센티브제와 그들이 원하는 것들을 해주려 노력한다.

최근에 직원 A가 회사 근처로 이사를 왔다. 이전에 A는 월세를 아끼기 위해 출퇴근 왕복 거리가 3시간 이상 소요되는 곳에서 살았다. 그런데 그렇게 시간을 길에서 쓰다 보니 당연히 회사 일에 온전히 집중하는 시간과 에너지를 뺏길 수밖에 없었다. 나는 A에게 제안을 했다. 회사 근처로 이사 오지 않겠냐고. 그러자 A는 내게 "월세랑 보증금이 부담이 돼서 어쩔 수 없습니다"라고 말했고, 나는 A에게 보증금을 무이자로 빌려드리고 월세도 지원해드릴테니 이사하면 좋겠다고 답했다.

일생에 단 한번은 독기를 품어라

A는 내 제안을 받아들였고, 그다음 주 바로 회사 근처로 이사를 왔다. 그 후 A의 표정은 물론, 회사 업무를 대하는 태도까지 달라졌다. A는 그 전부터 열심히 일하는 직원이었지만, 보증금과 월세를 지원받은 후에는 '이 회사는 내 회사다'라는 느낌으로 일하기 시작했다. 내가 선의로 보증금과 월세를 지원한 것도 맞지만, 내가 그 과정에서 얻게 된 이익은 무엇이었을까?

직원의 사기 고취와 효율성 증대다. 출퇴근 왕복 3시간은 직원에게 피로감을 가중시키고, 기운을 떨어뜨렸다. 그러다 보니 자연히 업무 집중도도 떨어지기 마련이었다. 하지만 대중교통을 타고 3시간이 걸려서 15분이 되자, A의 업무 효율도는 자연히 높아졌고, 그 결과 회사의 매출 증진으로도 이어질 수 있었다. 직원은 쾌적한 환경과 자신의 시간을 효율적으로 사용할 수 있어 좋고, 나는 직원의 마음을 얻고 회사의 매출 증진을 눈으로 확인할 수 있어서 좋았다.

단적인 예시 하나를 들었지만, 나는 실제로 이와 비슷한 경험들을 굉장히 많이 겪었다. 나에게 도움이 되는 사람들에게는 아낌없이 베푼다. 업계 통용이 1이라면, 나는 20%를 더 얹어준다. 그리고 이렇게 얘기한다. "너무 잘 해주셔서 감

좋아하는 일로 연봉 3억 원의 사업가가 될 수 있었던 5단계 과정

사한 마음이 큽니다. 많이 도와주십시오."

당연히 1을 생각하고 있던 상대방은 예상치 못한 감동을 받을 수밖에 없고, 그로 인해 내가 받게 되는 몫이 조금 줄어들더라도, 훨씬 더 좋은 결과와 상대방의 신뢰와 평판을 얻을 수 있게 된다.

상대방의 이득과 나의 이득을 모두 고려하며 많이 베풀자. 작은 이득에 집착하기보다는 내 몫을 조금 덜더라도 나의 신용과 평판을 지키는 선에서 마음껏 베푼다면 단언컨대, 훨씬 더 많은 것이 나에게 돌아올 것이다.

'내가 정말 좋아하는 일이 있었는데…'

좋아하고 도전해보고 싶은 일이 있었지만, 가정형편이나 주변 여건 때문에 내가 좋아하지 않는 일을 하며 살고 있는가? 좋아하는 걸 포기하고 선택한 그 일이 자신에게 더 큰 실망감이나 후회를 불러일으키지는 않았는가? 심지어는 자신이 어떤 걸 좋아하는지 몰라 혼란스럽거나 부끄럽지는 않았는가?

이 책은 이 질문들에 대한 각자의 답을 찾기 위한 여정이었다. 여러분은 나름 만족스러운 답을 찾았는지 궁금하다. 지금도 나는 보란듯 성공해, 행복한 삶을 살고 싶어하는 많은 사람들에게 메시지를 받는다.

"경쟁률이 어마어마한 공무원 시험에 합격해 남들이 생각하는 안정적인 직업을 갖게 되었지만 생각보다 야근이 많고, 녹초가 되어 집에 와서 씻고 TV를 보다 잠듭니다. 그리고 다시 아침이 되면 피곤한 몸을 겨우 이끌고 출근합니다. 주말에는 평일에 밀린 잠을 자느라 아무것도 못해요. 안정적인 직업이 있다고 말할 뿐이지, 매달 통장에 찍히는 돈을 보면 한숨이 나옵니다."

"서울 소재 괜찮은 대학을 나왔고, 나름 괜찮은 직장에 들어갔는데 직장 10년 선배의 모습을 보면 허무함이 밀려옵니다. 지금 열심히 노력해도 저렇게 살아가는 건가 싶고요. 사실, 정말 좋아하는 일이 있었거든요."

"SNS에 돌아다니는 글들을 읽어보면 좋아하는 일을 하라고 얘기하는데, 저는 30살이 넘었는데도 아직 좋아하는 일이 뭔지를 모르겠어요. 남들은 취미를 찾고 그 취미를 수익으로 연결시키는데, 저는 남는 시간에 그저 휴대폰으로 게임을 하거나, 의미 없는 인터넷 서핑만 합니다. 그러다 보니 자존감도 낮아지고 힘들어요."

나도 좋아하는 일을 찾지 못해, 나다운 삶을 찾지 못해

방황하던 시절이 있었다. 어려운 가정형편으로 원치 않던 고등학교에 진학한 후 직업군인이라는 진로를 선택했고, 10년에 가까운 시간 동안 행복했던 순간보다 행복하지 않았던 순간이 훨씬 많았다. 당시에 나는 다른 사람도 나와 같은 감정을 느낄까 궁금해서 함께 일하는 동료들과 이 주제로 이야기도 많이 나눴는데, 다들 나와 비슷한 감정을 느끼고 스트레스를 받는다는 것을 알 수 있었다. 하지만 그들도, 나도 딱히 해결책이 없었다.

매일매일 힘들고 막막했지만, 나는 정말 좋아하는 일을 찾고 싶었기에, 포기하지 않았다. 꾸준히 책을 읽고 글을 쓰고, 또 사람들을 만나며 교육을 듣고 스스로에게 이런 질문을 끊임없이 던졌다.

'나는 무엇을 좋아하고 무엇을 잘하는가? 그리고 그것으로 어떻게 수익을 내며 사람들을 도울 것인가?'

질문의 답을 찾는 건 좀처럼 쉽지 않았다. 어떻게 시작해야 할지 몰라, 도움이 될 것 같은 교육들을 모두 찾아보며 수강하기 위해 큰돈을 지불했었다. 정말 돈이 아깝지 않았던 강의도 있었고, 정말 쓰레기 같은 강의도 많았다.

모두가 "좋아하는 일만 하고 사는 사람이 어디 있냐?"라며 내가 하는 일을 비웃고 걱정했다. 나도 처음엔 그렇게 생각했다. 나 자신에 대한 확신이 없었고, 믿음도 부족했다. 삶의 의미나 꿈 같은 것에 집착하기보다 9 to 6에만 집중하는 규칙적인 직장생활, 회사에 봉사하는 대가로 얻는 월급이라는 달콤함의 보상을 받는 게 더 낫지 않을까, 라는 생각도 수없이 했다.

하지만 내가 독기를 품고 그토록 열심히 살았던 이유, 그리고 이 책을 진정으로 출판하고 싶었던 이유는 2가지였다.

'내가 원하는 일을 하며 사람들을 도와주고, 그로 인해 안정적인 수익을 얻는다면 정말 행복하겠다.'

'내가 좋아하는 일로 수익화를 이룬 뒤, 이 경험을 토대로 좋아하는 일을 찾지 못하거나 좋아하는 일이 있지만 어떻게 지속해야 할지 혼란스러워하는 사람들에게 큰 도움을 주고 싶다.'

나는 이 문제를 깊게 파고들기 위해 관련 자료를 찾고 필요하다면 교육도 수강했고, 자격증도 취득도 마다하지 않았다. 그리고 틈틈이 나를 도와줄 전문가를 찾아다녔다. 하지만 대부분의 전문가들은 성향을 분석해서 나에게 적합할 만한 일을 찾아주고, "이 일을 했으면 좋겠다" 정도밖에 말해주지 않았다.

결국 나는 그 과정에서 나와 관련된 문제, 나아가서는 내가 좋아하는 일을 하며 어떻게 만족스러운 수익을 얻고, 그로 인해 사람들을 도와줄 수 있을지에 대한 해결책은 나 스스로 만들어나가야 한다는 사실을 깨달았다.

그래서 관련된 책들을 읽고 연구 결과를 조사했으며, 국내에서 잘 다루지 않는 분야의 강의를 듣기 위한 실력을 갖추고 싶어, 천만 원에 가까운 돈을 들여 영어 공부도 했다. 그렇게 5년 동안 7,000만 원이 넘는 돈을 교육비로 지출했고, 그 결과 내 삶은 판이하게 달라졌다. 지금 나는 베스트셀러 작가이며, 출판사 대표로서 내가 좋아하는 일을 하며 연봉 3억 이상을 벌고 있다. 많은 사람과 다양한 콘텐츠로 소통함으로써 그들을 지속적으로 도와주었기 때문에 가능했다.

좋아하고 잘하는 일을 찾아 행복한 삶을 사는 과정에서 내가 뼈저리게 느낀 것이 있다.

'이것은 단순히 나만의 문제가 아니다. 지금도 수많은 사람이 어떻게 좋아하는 일을 시작해야 하는 방법을 모른 채,

원치 않는 일을 하며 고통받고 있다. 심지어 자신이 무엇을 좋아하는지, 잘 하는지 알지 못한 채 힘들어하는 사람들도 있다. 나는 그런 사람들을 도와주고, 그들이 원하는 삶을 살 수 있게 도와줘야겠다.'

아무도 좋아하는 것을 찾고 그것을 제대로 수익화하는 방법에 대해서는 알려주지 않는다. 콘텐츠 만들기, 마케팅, 세일즈, 브랜딩, 책 쓰기를 따로따로 알려주지만, 사실 내가 좋아하는 것을 찾고 그것을 수익화하려면 이 모든 프로세스들을 다 숙지하고 있어야 한다.

이 책을 출판하는 이유는 사람마다 갖고 있는 생각과 삶의 방식, 추구하는 가치관 등이 모두 다르기 때문이다. 최대한 많은 사람에게 동기부여를 주는 것도 내 방식이지만, 이 책을 유심히 읽어보았다면, 내가 가지고 있는 모든 지식과 경험들이 집약되어 있기 때문에 좋아하는 일을 선택하고 어떻게 스스로의 레벨을 높여 경제적 자유를 이룰 수 있을지에 대한 확신을 가지실 수 있을 것이다.

좋아하는 일을 수입으로 연결시키는 과정은 결코 쉽지 않았다. 비교적 젊은 나이에 책을 7권이나 낸 작가라, 어릴 때부터 글을 잘 쓰고 좋아했냐는 말을 많이 들었다.

그러나 나는 7년 전 처음 책을 읽었고 그때부터 글을 쓰기 시작했다. 처음은 블로그에 글을 썼고, 3줄의 글을 쓰는데 무려 3시간이 걸렸다. 책을 읽고 단순히 독후감을 쓰면 머릿속에 뭐라도 남겠지라는 생각으로 글을 썼다.

그런데 그렇게 3줄을 썼음에도 불구하고 내 독후감을 좋다고 평해주는 사람들이 있었다. 몇 안 되는 사람들이었지만 그들에게 인정받은 순간이 참 행복했다. 그 후로 매일매일 글을 쓰고 기록했다. 내 글을 읽어주는 사람들이 점점 늘어났고, 많은 교육을 수강한 뒤 첫 책을 낼 수 있었다.

"유튜브 채널에 띄워 드리고요, 비영리 ○○단체 홈페이지에 후원자로 이름 올리시게 됩니다. 작가는 명예가 있어야 성공할 수 있죠. 가격은 이 정도인데, 괜찮으세요?"

7년 전, 성공에 목말랐던 나는 첫 책을 내고 작가라는 타이틀에 심취해 나를 알릴 수 있는 교육과 부자가 될 수 있는 방법을 100% 가르쳐준다는 교육을 무작정 등록하고 찾아다녔다. 가격이 얼마인지는 크게 고려하지 않은 채, 그저 나를 알릴 수 있으면 된다고 생각했다.

오히려 가격이 비싼 교육일수록 더 특별해 보였고, 그러한 교육들이 아무 쓸모 없는 돌멩이 같은 나를 순식간에 값비싼 다이아몬드로 바꿔줄 거라고 믿었다. 그러나 내가 그 과정 중에 간과하고 있던 두 가지가 있었다.

첫 번째는 시중에 자신이 전문가라고 광고하는 사람치고 '진짜' 전문가는 잘 없다. 두 번째는 상품 후기나 카페의 성공사례들을 너무나도 맹신하고 있었다.

첫 번째는 그럴듯한 포장지로 자신을 전문가라고 위장하고 일단 만남을 제안한 뒤, 그 분야에 무지한 상대방에게 덜컥 큰 금액을 부른다. 그리고 '자신처럼 이 분야에 대해 잘 아는 사람은 없다. 큰 금액이라고 생각하지만, 어떻게 보면 돈과 시간을 아끼는 것이다'라며 으름장을 놓는다. 얼굴은 웃고 있지만 어떻게 보면 고객에게 교육을 '강요'하는 것이다.

두 번째는 지인들과 유령회원들을 통해 '가짜' 성공사례들을 적게 하고 그것들로 사람들이 유입되게 만드는 것이다.

당시 나와 같이 유명세나 부자가 되는 법에 잔뜩 고무되어 네이버 키워드 검색을 했을 때, 최상단에 뜨는 카페에 그런 후기들이 노출되었을 때, 그리고 그 후기가 한 두 개가 아닐 때 우리는 '여기가 진짜구나'라는 생각을 하게 된다.

나도 그런 식으로 1,000만 원 가까이 되는 쓰레기 교육을 신청한 적도 있었다. 입금 전에는 모든 걸 다 해줄 듯이 얘기하더니, 정작 교육의 반은 후기 작성과 카페 활동을 열심히 하는 데 쓰게 했다.

실제로 시중의 마케팅이나 세일즈 '전문가'들은 책을 내고 전문가인 척 행세하지만, 정작 자신이 만든 교육프로그램 안의 마케팅과 세일즈에 한정해 전문가일뿐 속 빈 강정인 경우가 대부분이었다.

하지만 나는 그 과정을 거치고 또 7천만 원이 넘는 거금을 교육에 소비하며, 좋아하는 일을 지속하기 위해 반드시 필요한 두 가지를 알게 됐다.

첫 번째는 '콘텐츠'다.

많은 사람이 '빠른 시간' 안에 '쉽게' 부자가 되고 싶어 한다. 하지만, 그러기 위해선 확실한 콘텐츠가 있어야 한다. 예를 들어 보겠다.

내 지인 중 한 명은 고등학교는 일본, 대학교는 미국에서 졸업했다. 이 지인은 부모님이 일일이 다 알아봐주신 게 아니라 본인이 직접 유학 준비를 했고, 많은 시행착오 끝에 성공적으로 학교를 졸업할 수 있었다.

그리고 그때 본인이 한 경험을 토대로 많은 학생의 유학 준비를 돕는 일을 하고 있다. 그리고 그 친구는 '자신의 경험이 누군가에게 도움이 될 때 정말 행복하다'라고 얘기를 한다. 좋아하는 일을 성공적으로 수익화한 경우다. 수속할 때 받는 비용, 그리고 고등학생들의 국내대학 입시 자소서와 면접을 해주는 사업으로도 확장해가며 우리나라 상위 1%에 해당하는 돈을 벌고 있다.

이 경우 확실한 자신의 '콘텐츠'가 있음을 알 수 있다. 본인이 실제로 유학을 성공적으로 이뤄냈고, 그때의 경험들을 콘텐츠화해 성공적으로 사업화한 것이다.

또 다른 예도 있다. 두 번째 지인은 횟집에서 아르바이트를 하면서 동기부여 전문가가 되고 싶어 했다. 현실은 그렇지 않더라도 성공한 사람들을 만나고 비싼 교육과 그 분야에서 자칭 전문가라고 스스로 일컫는 사람들을 만나면 언젠

가는 성공하겠지라는 막연한 꿈을 품고 있었다.

하지만 결정적으로 자신의 '콘텐츠'가 없었다. 동기부여에도 종류가 굉장히 많은데 본인이 어떤 동기부여 전문가가 되고 싶은지도 모른 채, 그냥 사람들 앞에서 동기부여에 대해 얘기하고 싶었던 것이다.

결국 그는 그렇게 열심히 하던 SNS 채널을 정리하고 어느샌가 사라졌다. 지금은 어떻게 지내고 있는지도 모른다. 여기서 우리가 깨달을 수 있는 사실은, 결국 자신이 정말 좋아하는 것을 지속시키려면 '콘텐츠'가 있어야 하고 그 '콘텐츠'가 없다면 '지속성'이 무너지는 것은 시간문제라는 것이다.

두 번째는 '경험'이다. 교육에 많은 돈을 투자하고 정말 각양각색의 사람들을 만나다 보니, 대화를 몇 마디 나눠보면 그 사람이 '진짜'인지 '진짜인 척하는 가짜'인지 어느 정도 판별이 간다.

진짜와 가짜는 교육 비용이나 컨설팅 비용으로 판가름 나는 게 아니다. 그 사람이 가지고 있는 경험과 콘텐츠에서 판가름난다. 다양한 경험은 콘텐츠를 지속적으로 끌고 가는 힘이고, 콘텐츠는 어떤 주머니 속에 있어도 날카롭게 튀어나오는 송곳으로 기능해야 한다.

시중에 있는 고가의 교육을 듣는다고 일순간에 전문가가 될 수는 없다.

'○○ 수강생, 수업 들은 지 5주 만에 월 5천만 원 매출 발생!'

'○○ 수강생, 수업 들은 지 4주 만에 작가 되다!'

모든 교육이 수강생의 마음을 헤아려주지는 못할망정, 그들의 진심을 가지고 마케팅을 하고 장사를 한다. 그 과정에서 어떤 것들을 따라야할지 혼란스러울 것이다. 과연 진짜가 뭔지 고민될 것이다. 하지만 이제는 이 책 한 권만 읽어도 충분하다. 이 책에서 나오는 방법들부터 우선 삶에 적용해보길 바란다. 여러분의 콘텐츠와 경험이 융합되었을 때 시너지 효과는 상상할 수 없을 만큼 클 것이다. 이 책을 보는 여러분이 부디 원하는 일을 하며 만족스러운 수익을 얻고 행복한 삶을 살기를 진심으로 기원한다.

2022년 12월

권민창

**일생에 단 한번은
독기를 품어라**

ⓒ 권민창 2022

초판 1쇄 발행 2022년 12월 21일
초판 17쇄 발행 2023년 12월 08일

지은이	권민창
편집인	권민창
디자인	지완
책임마케팅	윤호현, 김민지, 정호윤
마케팅	유인철
제작	제이오
출판총괄	이기웅
경영지원	박상박, 박혜정 최성민

펴낸곳	㈜바이포엠 스튜디오
펴낸이	유귀선
출판등록	제2020-000145호(2020년 6월 10일)
주소	서울시 강남구 테헤란로 332, 에이치제이타워 20층
이메일	mindset@by4m.co.kr

ISBN	979-11-92579-34-4 (13190)

마인드셋은 ㈜바이포엠 스튜디오의 출판브랜드입니다.